AF579913

LA MUSIQUE MODERNE

MUSIQUE ET POÉSIE

LE TIRAGE DE CE VOLUME A ÉTÉ LIMITÉ A 1.625 EXEMPLAIRES NUMÉROTÉS, SAVOIR : 25 EXEMPLAIRES, N°s 1 A 25, SUR JAPON IMPÉRIAL ; 100 EXEMPLAIRES, N°s 26 A 125, SUR VERGÉ D'ARCHES ; ET 1.500 EXEMPLAIRES, N°s 126 A 1625, SUR VÉLIN D'ALFA TEINTÉ.

N° LXXII

LA MUSIQUE MODERNE

sous la direction de André Cœuroy

MUSIQUE ET POÉSIE

PAR

ANDRÉ SUARÈS

ÉDITIONS CLAUDE AVELINE

Chez André Delpeuch, libraire

Paris, 51, rue de Babylone

MCMXXVIII

NOTRE AMOUR DE LA MUSIQUE EST UN AMOUR DE L'AMOUR.

EN TOUT POÈTE, IL EST UNE FEMME : MAIS ELLE EST CONQUISE PAR L'ESPRIT.

LA MUSIQUE EST L'ESPRIT CONQUIS.

VARIABLES, CXI.

L'HOMME QUI IMPROVISE

I

L'Homme qui chante est le musicien selon la nature. Le chant est d'abord toute la musique. Le chant n'est pas moins propre à l'homme que la parole ou le regard. Il est le geste de l'émotion, en ce qu'elle a de plus libre, et peut-être de plus heureux. Le chant est la flamme de la parole, qui veut monter et se répandre.

L'enfant qui jouit de vivre, l'homme qui aime, la jeune fille ravie d'éclore, ils chantent pour étendre leur plaisir et s'entourer de leur joie : elle est le vêtement qu'ils font flotter autour d'eux ; ils s'entourent de leur chant, comme d'un cercle magique. La joie du chant ne les défend pas, elle les prolonge. Atmosphère plus que vêtement, robe aérienne d'espérance.

Sur le bout de la branche, l'oiseau chante sa propre vie : elle attend l'amour, ou elle l'a. Et dans son chant, c'est de soi-même que l'oiseau s'enivre. Le chant va plus loin que les corps. Les espaces du chant sont la projection de cette force éternelle, qui meut les étoiles là-haut, et dans le ciel de notre chair, qui n'est pas plus humble, les atomes et les astres de la cellule, les planètes et les gemmes du sang.

Dans le chant, il y a tantôt un appel au bonheur, tantôt un don de la plénitude qui déborde : émotion ou bonheur, l'être qui chante se répand sur la nature. Voilà le chant à l'origine. Et, parmi les hommes, la femme est rossignol aussi. Ce n'est pas seulement le mâle qui chante sa peine ou son désir. Mais, peut-être, l'amour seul fait-il le chanteur. Le chant est inné au cœur de l'homme ; il est déjà une possession de la nature. La joie de vivre gazouille dans l'enfant même : la folle joie d'être homme, qui ne survit tout de même pas à l'enfant. Dans le chant le plus naïf, pourtant, la conscience se fait déjà entendre, à l'insu même du chanteur. Ce mystère est séduisant.

La musique de l'homme n'est pas toujours de sa joie ni de son plaisir ; elle est bientôt de sa douleur.

Si les bêtes pleurent, elles ne chantent pas leur douleur, les pauvres créatures.

La peine humaine cherche un secours ; et bien plus belle que la joie, bien plus féconde, elle aspire à une harmonie que la médiocrité du bonheur croit tenir. La peine aspire au lieu de l'ordre et de la délivrance. Elle s'enchante. Que ce mot est divin et que de chant il recèle !

Les pauvres bêtes, dans la douleur, ne savent pas sortir du hurlement. Elles ne passent pas le cri. Beaucoup même n'y atteignent point et sont muettes. Tant elles sont saintes, toujours victimes, toujours vraies et sans conscience. Or, le grand crime de la conscience, dans l'homme, fait sa grande épreuve et la source de sa rédemption comme de son génie.

Pour nous, qui ne sommes plus des enfants, le chant est un enchantement de la peine. Une douleur trop accomplie ne laisse aucune place à la parole : elle est toute dans le silence ou dans le cri. C'est pourquoi l'état de mélancolie est le plus riche en musique. Et l'amour, même dans la passion, est fait d'une mélancolie immense. De là, que la femme jouit en tout temps de la musique. Mais de là, qu'elle est si peu musicienne, étant si musicale : la musique et la poésie sont les deux puissantes créations de l'amour et du mâle aux abois.

Amour et mélancolie, le chant de l'homme est une réflexion et une confidence. Il réfléchit sa passion, et la confie. A soi, d'abord, bien plus qu'aux autres hommes. Dans la joie, il déborde sur la nature ; mais à l'origine, il l'écoute peu ; et même s'il y prête l'oreille, il est rare qu'il lui parle. La peine et la mélancolie enseignent la nature au chanteur. Il ne s'en doute pas encore, que l'art naissant le sait pour lui. Aux heures d'ivresse, quand le bonheur est un vol dans le soleil, un bond de l'amour dans la flamme de midi, le chant de l'homme en passion se prend lui-même pour la voix de toute la nature. Elle est là, heureuse et brillante ; et le chanteur se l'associe : il veut qu'elle parle, et il chante pour elle.

Mais la douleur n'est pas si naïve et son procès va plus au fond. L'immense nature est un témoin. Le chant la convoque pour qu'elle l'accompagne. Et déjà le chant est si fort, qu'il ne craint pas d'être contredit par la nature. La passion finit par créer cette merveille : de la nature, elle fait la basse de son chant.

Merveilles de l'accord, adorables prestiges : ils s'annoncent ici, comme au frémissement des ailes, l'Ange s'annonce à Marie, et par l'Ange le parfait mystère. Notre musique est la conquête de l'harmonie. La révélation de l'harmonie, telle est notre musique ; car, de l'Ancien Testament, nous avons passé sous la loi du Nouveau. L'harmonie, miracle de l'Occident, est la magie du chant, l'incantation de l'amour et de la mélancolie. Le simple chant, la mélodie populaire n'est belle qu'à la façon du paysage ; mais le plus beau paysage reste en deçà de l'art, il aspire au chef-d'œuvre, il cherche Rembrandt. J'appelais jadis la mélodie populaire un paysage et le paysage une mélodie de la nature.

Cependant, ce n'est pas assez d'une base confuse. Non, si beau soit le chant, si sacrée que puisse être la ligne, le chant n'est pas encore la musique : il n'est que l'appel à la musique. Appel sûr d'être entendu. Il est le désir du miracle, il en est même la promesse. Il faut encore l'évangile pour que révélée soit la musique : il faut l'harmonie.

Or, l'homme qui improvise est le chant qui invente son harmonie ; et c'est de lui que je veux dire : enfin le chanteur est musique.

J'entrerai, maintenant, dans la vie intérieure. Je voudrais pénétrer ces suaves ténèbres, où la chaleur de la vie est ramassée sur elle-même, comme la femelle qui couve, la tête endormie, repliée dans le col, pareille, sur l'œuf caché, à un gros œuf de plumes.

II

La joie de l'oiseau n'est donc pas la seule qui porte musique ? Ni celle de l'enfant qui chante comme il se meut : il crie, il joue avec sa voix et avec l'air qu'il respire. Son chant est un cri qui a trouvé le rythme.

La vraie musique vient de plus loin. Elle a un jet plus haut dans la solitude. Et qu'il soit dit, d'abord, que la musique d'un temps révolu n'est plus la vraie musique. Toute musique passe comme les belles de la ballade : et plus séduisantes elles ont vécu, plus vite elles ont passé, peut-être. O musique, ô femme mortelle et d'autant plus aimée, d'être plus promise à la mort.

Une ardente tristesse est son nid, sous les branches du désir et de l'ennui.

Encore plus que le poète, le musicien est un solitaire au cœur trop lourd. Il peuple le désert de son propre sentiment. Une source secrète, dans un roc, au milieu de l'étendue stérile ; et il voudrait, perçant le grès de la roche, faire jaillir l'eau grondante sur toute la contrée des sables, pour étancher cette soif éternelle, en apaisant son propre élan.

État de guerre ardente, convoitise que rien ne peut satisfaire. Le rythme est toujours un élan. La profondeur de ce désir est telle, que tout contentement la déçoit. Il ne vit que pour la satisfaction, mais il serait désespéré de se satisfaire. Ou bien, c'est le torrent d'une mélancolie qui tient aux sources de la vie et que tout ramène aux abîmes féconds, d'où elle tâche à s'évader sans cesse. Quelles mâles passions que celles-là !

Rien ne comble cet appétit secret. Rien ne supplée à ce manque, où l'imagination invoque vainement toute la nature, sachant que la nature attend justement de ce cœur tout ce qu'il réclame. Tristesse, ardeur, mélancolie, dimension de la profondeur.

Le musicien cherche dans toutes les musiques l'accent de son désir et ne le trouve pas. Le poète demande à tous les livres le poème où il reconnaisse sa parole confuse. Mais il n'est pas de livre, il n'est pas de musique, non pas même *Parsifal* ou Bach, pour faire toujours une bonne réponse à l'émotion d'un cœur original.

La pensée est tout errante dans la nébuleuse du sentiment. Une grande douleur est là, qui dégoûte de l'intelligence. La raison est sèche, comme l'Arabie. Les notions et les idées tombent sur cette mélancolie fiévreuse, telles des pierres arides. L'étrange douleur, d'où la musique va naître, est pareille à la perte de l'être le plus aimé. Sœur de l'ardent désir, qui postule un contentement, dont il ne saurait jamais se contenter, cette peine aspire à une consolation, qu'elle pourrait seule se donner. Pour être consolée, il ne lui faut pas moins que la présence d'un dieu, celui-là même qui, dans les cœurs troublés que tourmente une belle angoisse, fait une paix harmonieuse. Car c'est son propre chant que cette insomnie veut entendre, et sa profonde harmonie que ce trouble veut trouver.

Alors, le musicien se met à chanter. Sa musique est la seule musique qui réponde à ses sentiments. Seule, elle traduit pour lui, et peut-être pour les autres, le discours puissant et confus de la créature, que la parole ne peut exprimer ; et elle l'interprète jusque dans la nuance la plus fine, incertaine d'abord à celui même qui s'y exprime.

Le fond de l'âme s'exhale : le musicien prélude, il improvise. Ainsi naît Euterpe, d'une ardeur passionnée qui se détourne du monde et qui se multiplie dans la solitude ; d'une douleur qui ne veut connaître que soi, qui place toute la vie dans l'unique objet de sa passion et qui se nourrit de son amertume jusqu'à ce point de la plénitude, où elle s'enchante d'elle-même.

Or, puis avoir nom Chanteplore
Qui de duel chante et de tristor.

L'âme musicale, à l'instant du prélude, murmure à son Euterpe la mélodie qui naît : « Nous ne sommes pas facilement consolables, l'une ni l'autre ; car en nous, il y a toujours la révolte contre le monde, qui est plus forte même que la charité. Et la révolte est le cri égoïste du cœur qui brûle, dans l'éternelle et froide solitude de la vie. Nous ne sommes pas facilement consolables, ma beauté, puisqu'enfin nous voulons moins être consolées que vouées à d'adorables enchantements ».

L'harmonie cherche la beauté du chant. Et tel est le prélude.

D'abord, la magie du son en lui-même, ce long et caressant ébranlement, que seuls les musiciens connaissent ; et seuls ils savent les délices qu'ils s'en promettent. Amoureusement, voici le fond ingénu de l'homme qui veut jaillir, d'un élan spontané, mille fois plus intense, mille fois plus vivant dans l'improvisation qu'en toute œuvre accomplie. Ou plutôt, le grand musicien aspire toujours davantage à fixer dans l'œuvre écrite la suprême ingénuité du sentiment qui improvise. Pour la plupart des musiciens, l'œuvre écrite est toujours, plus ou moins, voulue ou roidie daus le cadre du genre. Elle n'a plus ce jet direct, qui est le propre mouvement du cœur en invention. Le sentiment personnel de chacun perd beaucoup à se ployer ainsi aux formes de la sensibilité commune. En plus d'un, la partie raisonnante de la musique n'est que de la sensibilité morte*.

* Qui a entendu César Franck à l'orgue sait bien que de toutes ses œuvres pas une n'approche, même de loin, les graves effusions

Le vrai musicien improvise par vocation.

L'homme qui improvise est le musicien en amour. Il va de la rêverie à l'action orageuse, et de la violente affirmation à la suave tristesse du retour sur soi-même.

Il sait toujours ce qu'il veut faire, mais non pas exactement comme il le fera. La part du caprice et de la découverte, qui est si essentielle à un art, le plus sensible et le plus mouvant de tous les arts, il la préserve : il ne l'immole pas. La fantaisie est l'unique suivante qui sache habiller l'émotion en toute saison. L'esprit du musicien a sans doute un plan. Il a un ordre, étant artiste. Il connaît le pays où il va ; mais sans avoir tracé ni pavé toute la route. Elle est neuve, ou peut l'être. Si un chemin hardi ou mystérieux s'ouvre dans la forêt des sons, ou au-dessus de la mer une sente dangereuse, il les prendra, pour peu qu'un lointain appel de beauté y retentisse. Ayant nourri son instinct de logique, il n'en est le guide qu'à l'entrée du voyage : il s'y livre après les premiers pas.

Puis, la grande force du son qui a trouvé sa ligne porte la pensée du musicien. L'accord le soutient. L'accord est une ligne verticale, une possession du

de ce saint harmoniste, tandis qu'il improvisait à l'église. Pour jeune garçon que je fusse alors, je ne pense pas que la douceur de ce souvenir me trompe.

temps, une victoire sur la durée. Je me figure la plénitude de l'accord, comme une mélodie éternelle. Heureux ceux qui jouissent de parcourir les espaces conjugués de l'accord ! Le jeu du pur esprit musical est tout fondé sur le sentiment de l'harmonie. En vérité, de l'accord qui se développe, tout le feuillage mélodique s'élance et s'épanouit, toutes les branches, le charme et la liberté de l'arabesque.

Le sentiment mène ici le musicien, non pas les règles du développement, non pas les doigts du virtuose. L'émotion fait tout l'homme qui improvise. Donner son émotion aux autres, c'est l'art. On ne donne que ce qu'on a.

Beethoven, qui a sans doute été le génie même qui improvise, détestait l'improvisation formelle, sur un sujet donné. Il se plaisait, au contraire, en tout temps, à l'improvisation libre. Un mot fameux de Beethoven peut servir de devise à l'art que j'explique : « La musique ne peut ni ne doit toujours donner au sentiment une direction déterminée *. »

S'abandonner à son démon, et le laisser parler. Encore faut-il un démon, pour qu'il parle. Tandis qu'il improvise, l'artiste porte son émotion au comble.

Schindler, *Nachtrag*, I, 291.

pour lui-même, en l'exprimant. Il se console de sa peine, en la cultivant jusqu'au plein été, où elle pousse, d'une fois, toutes ses fleurs et tous ses fruits. Il achève enfin sa passion, en l'épuisant.

Ni les virtuoses, ni les femmes n'improvisent réellement. Ils n'ont que des réminiscences. Ils cheminent à tâtons sur des sentiers battus. Ils font route dans le labyrinthe de la sonate ou du caprice que çà et là un écho de la mémoire traverse ; où le rappel d'une mélodie éclaire, de loin en loin, la masse obscure. A peine ont-ils reçu cet éclair du souvenir, ils n'ont qu'un vœu : se coller à la muraille, chercher le fil de l'ordre, retrouver la solidité du mur, qui est la forme, et aller, le millième et cent millième aveugle, jusqu'au bout du couloir maçonné, de la galerie et de la voie prévue où tant d'autres, avant eux, se traînèrent. Routine est leur route, doit l'être et l'a été.

Le progrès de l'invention est tout contraire. L'ardent désir de l'harmonie forme un enfant à la musique. Au doux chaos de l'émotion, Euterpe palpite, d'où l'homme fort la tire, la modèle et la polit. L'harmonie du grand musicien est un monde révélé par le génie qui improvise à un peuple de sourds : et d'abord, ils s'effraient, ils se bouchent les oreilles, ils s'indignent. Ils n'entendent que longtemps après leur mort, dans les fils qui leur survivent. Beethoven même leur a paru sans raison, à mesure qu'il était plus lui-même. Il est vrai que l'harmonie de Beethoven n'est pas nouvelle, mais qu'il a renouvelé toutes les formes par l'usage qu'il en sut faire ; il en use, et les use, en géant.

Les femmes n'improvisent pas : elles subissent. Leur invention est nulle, et nulle leur action. Elles n'entendent pas l'harmonie nouvelle, mais elles jouissent merveilleusement de l'habitude. Elles font vivre le don qu'elles ont reçu. Quoi de plus musical que cet adorable dévouement à l'amour ? Elles conçoivent d'une passion supérieure, mais elles n'en sont animées qu'après avoir conçu. Elles se donnent, avec une majesté à jamais touchante ; elles ne peuvent arracher au mystère des sons les révélations désirées.

La première parole est le cri. En tout cri, il y a déjà un signe.

Le premier chant est une passion qui trouve son expression et son rythme.

Le premier mot est une pensée qui prend corps dans les nuées de la durée humaine : le plus beau des gestes sur la toile de fond du néant.

Pour les femmes, la musique est une danse du désir ou une retraite amoureuse, délice ou tristesse.

Elle est une chaire pour Beethoven et un champ de bataille héroïque, où il convie l'humanité à vaincre le mal. Mais Beethoven n'est pas musicien près de Bach le Père. C'est lui qui improvise toujours, et toujours des formes éternelles : il cherche et il tient; il est le créateur à ce point que son essai est l'ouvrage accompli. Et plus sa passion est puissante, plus son ordre est souverain. Le Prélude est la forme suprême du poème musical. Voilà ce qui met Bach si fort au-dessus de tous les musiciens. Le Prélude est son improvisation naturelle. Et, quoi qu'il semble, la fugue de Bach est la forme sévère de son prélude. Cet homme sans second, en qui toute musique a trouvé son expression la plus puissante et la plus pure, reste à jamais de la sorte près de nous, tel qu'il dut être à l'orgue de son église, dans une ville repliée de la vieille Allemagne, la grande et silencieuse Allemagne, méditative, violente, sage et sonore. du passé. Il lui fallait le Prélude, la Fantaisie, jusqu'à ce miracle de la Canzone où Bach semble faire fleurir. en paradis, l'herbier de Dante.

L'immense domaine de l'enharmonie est sans doute une conquête du génie qui improvise. Les vrais créateurs passent pour avoir été les maîtres de l'improvisation : en quoi la musique se sépare des autres arts. où l'improvisateur n'est qu'un virtuose sans décence ni remords. Improvisant, le clavier sous les doigts, tenant la matière sonore à pleines mains, la pétrissant selon l'appétit de leur âme, les grands musiciens se sont donné les plus hautes délices du chant, le formant et le reformant dans cette pâte idéale. Il est bien probable que les progrès de l'harmonie sont liés au génie qui improvise. La rêverie du sentiment ne se satisfait guère des objets connus : elle est avide d'invention sonore. L'oreille, à s'écouter, devient toujours plus sensible.

Tous les grands musiciens ont vécu l'oreille au clavier. En eux, mieux que partout ailleurs, on saisit la différence capitale du musicien et du virtuose. Au clavier, le virtuose joue pour l'instrument. Le musicien, qui ne chante que pour soi, improvise : l'instrument lui répond, il obéit en esclave. La haine du virtuose est bien forte en Bach et dans Wagner.

Quelques musiciens, doués uniquement pour l'art des sons, mais d'ailleurs sans grandeur ni force, toutes leurs œuvres semblent de pures improvisations, et n'ont pas d'autre prix : Chopin entre tous, dont la valeur est si faible, avec un don musical des plus rares, mais souvent monotone.

Le génie qui improvise, c'est l'homme dans tout l'aveu du style naturel. En tout autre art, l'improvisation est la parodie de l'œuvre et le scandale de l'artiste : car elle est toujours une injure à la forme. C'est précisément le scandale de la musique et la misère du talent, que l'improvisation y est presque toujours formelle. Depuis qu'ils ne sont plus musiciens dans les cours, tous les joueurs d'orgue font métier d'improviser ; et pas un d'eux n'improvise : ils tournent la manivelle de la forme dans la cour, que ce soit d'ailleurs au concert, au théâtre ou à l'église. Il faut avouer que l'exemple est venu, autrefois, des grands maîtres : la rhétorique musicale les a perdus. Elle leur a donné cette manie de radoter, développements et répétitions, qui fait en art l'impertinence des savants, et les y rend si ridicules, quand ils en parlent. Que de vide dans la masse énorme de l'ancienne musique ! Et la nouvelle se vide aussitôt qu'on cesse de l'entendre. La moindre phrase, où les résonances marquent pour nous l'essor d'un cœur vraiment sensible, passe en vertu cent volumes de vaines symphonies et de mornes sonates.

« C'est l'harmonie qui nous guide. » L'illustre sentence, qui est le *fiat lux* de la musique, est aussi la promesse du musicien et son guerdon. Par là, enfin, le musicien est musicien, non pas un ouvrier d'art et de philosophie qui se résigne à se servir des sons. L'harmonie désormais chante en nous ; c'est elle, en nous, qui crée la musique. La différence entre les hommes et leurs musiques est toute de leur harmonie, celle qu'ils vont créer et celle qu'ils héritent, celle dont ils ont le besoin et celle dont l'habitude leur est léguée, celle qui leur suffit et celle qu'ils désirent. Ah! au cœur du véritable artiste, il y a le désir, père de tout rythme.

III

L'arabesque est la liberté d'un dessin, qui décèle d'abord la vertu originale du musicien, alors qu'il improvise. Les bons peintres savent que le plus beau dessin est impalpable, et modelé par les palpitations de la couleur.

Le piano est l'orgue d'un monde sorti de l'Église. L'orgue et le piano ont seuls permis l'harmonie. Les Grecs ont-ils eu une musique? On le dit. Ils n'ont eu que la ligne. Il fallait que le cœur leur naquît, pour qu'ils pussent naître à la musique. Le cœur est couleur, le cœur est résonance. La musique n'est pas la mélodie seule ; elle n'est pas non plus l'harmonie, si l'on veut. La musique est le chant que contient l'harmonie, que la rêverie intérieure développe et recueille. Le développement de la conscience est le développement même de la sensibilité. L'intuition, ce regard qui crée tout l'avenir, est riche de tout le passé pour le tout quitter. La musique est l'art de l'intuition.

L'homme qui improvise, s'il n'entend pas les timbres de l'orchestre, est encore le serf de la ligne. Et sans doute, il ne les fait pas toujours entendre, ni presque jamais, à ceux qui l'écoutent : mais, s'il est vraiment musicien, il en donne la promesse, il en évoque les couleurs, il en annonce les prestiges aux cœurs épris de musique. Toutes les résonances de la nature espèrent en lui un sauveur : elles attendent toutes l'accord, à l'infini.

La fantaisie mène l'arabesque. Elle est le souffle qui disperse la fumée du caprice et qui la modèle dans l'espace. L'arabesque a son ordre : elle est l'ornement et l'entrelacs. Mais le sentiment, ici, règle la forme. Il faut premièrement un être sensible, un cœur original à la source de l'art. L'arabesque ne se prête pas à la formule, qu'elle dédaigne. La formule n'est pas moins étrangère à l'émotion que la symétrie. Elle a cette maudite régularité, qui est le pis aller du vide, et quelque chose comme des béquilles, au prix des jambes admirables de Diane chasseresse et d'Actéon. La formule est l'imitation qui supplée à l'indigence de la forme. Et tout ce qui fait le charme de l'arabesque est l'ennui de la formule.

Jusqu'à un certain point l'harmonie banale, l'accord

usé et vulgaire sont le désert de la musique. La grossièreté nulle part n'est moins la puissance qu'en musique. La plupart des musiques mortes sont des musiques grossières, qui ont passé pour puissantes.

Rien n'est plus propre, peut-être, à l'homme qui improvise, que le commentaire en musique d'une grande œuvre, choisie et bien-aimée entre les plus belles de la poésie. Je sais deux ou trois morceaux admirables de Beethoven, qui me donnent très mystérieusement l'impression de traduire. pour le grand solitaire, telles œuvres de Shakespeare. Et l'Ouverture de *Coriolan*, du moins dans la première partie et dans la conclusion, me fait penser à une improvisation sublime.

Que peut être l'image musicale d'un beau poème? Plus elle prétend à la fidélité, plus elle y manque. Il en est de même, quand le peintre tâche à traduire la vision du poète. Il faut qu'il s'inspire de l'œuvre écrite ; mais s'il se donne la charge de suivre le texte pas à pas, non seulement il ne le traduit pas, il trahit aussi la peinture. Qui sait si l'erreur de la musique au théâtre n'est pas, surtout, de s'asservir fidèlement au drame? La musique est si peu le drame qu'elle est, au fond, tout le contraire.

Le musicien qui improvise a cette liberté que la musique réclame entre tous les arts. et qui est dans ses vœux, par-dessus tous les autres. Elle veut être libre, comme le chant intérieur. Les entraves de la tonalité et de la mesure lui sont de plus en plus pesantes : lisières à la musique naissante et qui grandit; mais la musique adolescente s'en délivrera. La musique commence seulement ses premiers pas. Et il n'y a qu'à voir, pour s'en convaincre, comme elle les précipite.

Orante ou bacchante, la musique est possédée. L'amour l'entraîne : la joie ou le plaisir règne sur la moindre musique ; la mélancolie et l'ardente douleur sur la grande. Elle ne répugne qu'à la tiédeur et au repos.

Le génie qui improvise retrouve le chant à ses sources, qui sont principalement trois : oraison, réflexion et confidence. Mais toutes trois coulent ensemble et mêlent leurs flots dans la vasque brûlante. Oraison, c'est la bouche et la voix : certes le chant est la musique première. Et toute la nature chante, où nos sens imparfaits ne connaissent que des bruits.

Dans la réflexion, qui n'est point du tout, comme on croit, de la pensée seulement, je touche le retour de l'onde sur elle-même et du sentiment qui s'augmente : enfin, la mystérieuse résonance qui se brise et se démembre, son à son, pour se faire mieux connaître. Point de confession, sans l'aveu. Et sans confiance, point de confidence. C'est se livrer avec amour ou du moins avec sécurité. Là, tout est foi, tout est fidélité. Et si le chant vient de l'âme fidèle à son bonheur et à sa peine, bref à la vie ; ou si la fidélité du cœur naît à la nature du chant, il n'importe : ils s'épousent, ils sont unis tendrement. Notre chant est plein de fiance. La foi musicale est toujours profession.

Tout ainsi, l'Improvisateur suprême, qui est l'Amour, mène le mouvement universel. Le musicien qui improvise entre dans ce rythme : il le tente, même quand il ne fait qu'un ou deux pas. L'âme de l'univers n'est pas un mot pour le vrai musicien : elle est toujours là, en présence. Elle est son souffle.

L'oubli de soi-même, au moment où le Moi en passion se répand à l'infini, élan cardinal de la musique, délivrée de toute formule : l'arabesque se calcule ainsi, sans le savoir, sur le plan divin et redoutable de l'instinct. Comme elle est amour, la musique est une création où le créateur, un moment, se renonce. Or, ce mystère est le plus beau et le plus saint de tous ceux que l'homme peut connaître, et qui se dévoile à lui tandis qu'il improvise : la création est bien un renoncement du créateur : il se renonce par amour.

Le sourire d'une beauté qui aime, la fin d'une rose dans l'excessif délice de sa plus suave odeur, la parole du poète qui domine sa douleur, lui donnant sa forme la plus pleine, et le génie du musicien qui improvise :

voilà quelques moments de ce créateur dans son renoncement. Le sentiment seul improvise : il a l'invention perpétuelle. C'est Orphée qui délivre la mélodie captive dans les accords. Je parle pour le musicien, et non pas pour les raisonneurs de musique.

La grandeur de Beethoven n'est nulle part aussi manifeste qu'en ses quatre ou cinq derniers Quatuors. Ils sont la perfection du génie qui improvise. Je veux précisément dire que leurs plus belles parties font figure d'une improvisation parfaite. Le fait même de l'homme qui improvise, et son plus haut exploit, je l'admire dans le thème avec la variation inépuisable : ici, l'arabesque finit par porter le sentiment à une expression sublime. Dans ces œuvres si chères à l'artiste qui pense, les parties caduques, les seules qui gâtent ou rompent l'émotion, qui parfois même la font descendre, sont dues à la superstition de la forme : elles ne tiennent pas au corps vivant du Quatuor. thème et variations ; elles y sont ajoutées, parasites et du dehors, comme un ornement de la mode, comme un divertissement postiche, ou en guise de dénouement *. C'est Bach qui nous a laissé le type éternel de l'œuvre tout entière jaillie du cœur et du génie qui improvise : les Préludes et Fantaisies pour orgue.

* Ainsi, le Finale du XIIIe Quatuor, et l'interminable Scherzo du XIIe.

Ainsi l'homme qui improvise est le musicien même. Il est l'homme de la musique, selon l'esprit profond de l'art. Et pareille à la suave nécessité du baiser dans l'amour, la fatalité de son instinct est d'inventer l'harmonie.

MUSIQUE ET POÉSIE

I

Il n'y a pas, il ne peut pas y avoir de poésie réaliste, parce que la poésie est la seule réalité. La musique vériste est du même ordre inutile et bas, à peine une curiosité ou une façon d'ajouter quelques couleurs criardes au décor du théâtre.

Que serait la poésie réaliste, sinon la description de l'objet ? Or, le poète ne décrit pas l'objet ; il n'en donne pas les coordonnées sur la carte de l'action, mais sur le plan de l'esprit et d'une éternelle présence : au lieu de peindre l'objet, il en cherche la forme non matérielle, et s'il réussit dans son art, il arrive à la créer. Tous les Mores sont de la poussière à Chypre et à Venise ; mais Othello est vivant, même après s'être tué.

Tout est sujet dans le poème ; et que ce soit une statue, un bas-relief, une ode, un drame, un portrait, une page de pensées ou une figure peinte, dans le poème il n'y a jamais que le poète. Et je dirais que le poète y est d'autant plus souvent qu'il semble n'y pas être et qu'il y est plus caché. A plus forte raison le musicien, qui est un poète sans espace. La musique et la poésie se tiennent ici de bien près. Ici la matière n'est plus rien.

II

L'harmonie du musicien est la couleur propre de sa poésie. Tous les aveux du cœur et de la nature sensible sont harmoniques, au moins chez les modernes. Mais n'ai-je pas vérifié cent fois que l'amour n'a pas été connu des anciens? L'harmonie de Bach est son génie ; sa polyphonie est le génie de son pays et de son siècle, où d'ailleurs il met sa marque. La musique n'est ni verticale ni horizontale, parce qu'elle est les deux. Elle est du temps dans l'espace. Toutefois, l'oreille saisit le spatial et le cœur est l'organe du temps. Inversement, l'architecture est de l'espace absolu, où pourtant l'esprit introduit une succession temporelle.

Bien loin d'être la ligne pure, la polyphonie est le contraire de la ligne. Plusieurs lignes ensemble font un tissu harmonique. Le triomphe de la polyphonie est précisément d'imposer le tissu des lignes comme une harmonie continue. Du reste, comme dans la physique la notion de courbe continue, la notion de ligne s'efface de la musique, à mesure qu'on la presse de plus près. La polyphonie est une mélodie d'accords. En art, rien ne donne une plus haute et plus rayonnante satisfaction à l'esprit. La grande polyphonie, délivrée du contrepoint scolastique et des marches formelles, est l'harmonie même.

Voilà pourquoi notre inépuisable Jean Sébastien Bach fait figure de Père Éternel dans l'univers de la musique. Que l'on compare un instant sa polyphonie à celle de Hændel, si forte, si sûre, mais beaucoup moins libre, jaillissante et sensible : j'y trouve la même opposition profonde qu'entre le style de Bossuet et celui de Pascal. Hændel paraît d'autant moins harmonique et vertical que Bach l'est davantage.

Il faut parcourir plus d'un long siècle et venir jusqu'à Wagner pour rencontrer un musicien qui porte dans la polyphonie le génie poétique de Bach. Dans Wagner, la polyphonie est délivrée de l'école ; mais quand Wagner fait marcher librement ensemble les thèmes opposés ou divers de sa symphonie, il est plus voisin de Bach que personne. Il l'est, du reste, dans la mystique du sentiment et l'effusion perpétuelle. Sans doute, le souci de la scène, la grosse artillerie du théâtre, la recherche fatale de l'effet, multipliée par l'excès romantique, gâtent souvent dans Wagner la pureté musicale. Mais la puissance, la grandeur pensante et surtout la profondeur intense sauvent tout. Le prélude du dernier acte de *Parsifal* est peut-être ce qui rappelle Bach le plus singulièrement dans toute la musique. Qu'il s'agit donc peu de métier et de mode à une telle hauteur! Les parentés et les ressemblances sont toutes dans la profondeur. Le vertical est le sens des natures et des émotions profondes.

III

La simplicité est le lieu commun de tous les critiques sans portée. Rien n'est simple. La molécule est un monde. La plus simple vue de l'esprit est d'une complexité prodigieuse. Tout n'est simple qu'aux ignorants, et peut-être aux fanatiques. Les autres, quand ils parlent de simplicité, ils abdiquent par là même le peu qu'ils savent ; ils perdent aussitôt le sens de ce qu'ils font. Ni la physique, ni la pensée, ni la nature, ni la vie, ni les caractères ne se laissent ainsi réduire. Rien n'est plus simple ; mais j'accorde que tout doit sembler l'être, tout ou à peu près. Bref, il n'est de simplicité que dans l'expression. Encore n'est-ce qu'une apparence. Ce qui est simple pour un grand esprit ne l'est pas pour son critique. La vie des chefs-d'œuvre le prouve, où l'on peut toujours découvrir du nouveau. On vient de voir, après trois cents ans, combien Pascal est peu compris, surtout de ceux qui l'admirent et qui lui comparent sans vergogne un rhéteur politique étranger à toute vérité, ou un faiseur de tours en vers, faux en tout, faux penseur et faux géomètre.

Il n'y a pas de simplicité harmonique désormais, pas plus qu'il n'est une psychologie simple ou une mathématique. Les principes sont toujours simples, si l'on veut, à condition de n'y pas regarder de près. On n'explique pourtant rien de ce que l'on convient d'admettre. La pensée ni le sentiment de l'homme, tel que l'ont fait tous les siècles de l'art et de la science, ne peuvent pas avoir la simplicité de l'âme primitive. Elle est simple parce qu'elle est presque vide ou d'un seul tenant, comme le cerveau d'un nouveau-né ou cette main enfantine, fermée sur elle-même, sans dessins intérieurs et sans lignes, page sans écriture et qui n'a pas encore servi.

Aujourd'hui, avec leurs préjugés et leurs parti-pris d'école, les gens confondent tout, même ce qu'ils distinguent. Il faut être dionysiaque avant d'écrire, et apollinien quand on écrit. Le grand artiste est à ce prix. Tout l'un ne sert de rien, comme tout l'autre.

La part de la poésie dans la musique est celle d'Apollon. La musique est la part de Bacchus dans la poésie.

La polyphonie est d'Apollon, et aussi nécessaire dans la musique que la belle architecture dans l'art d'écrire. Mais l'harmonie est dionysiaque. Et sans Bacchus, ni le musicien, ni le poète, ni même l'architecte n'ont vraiment rien à chanter, eussent-ils beaucoup à dire. Qu'ils le disent alors en nombre et dans le pur langage des nombres, qui est la mathématique. Cependant, il n'y a que les Bacchantes folles, dans l'orgie où le délire de l'espèce et le culte se confondent, où le sang de la femme et le sang de la vigne se mêlent, les chevelures et les pampres, il n'y a que les Bacchantes pour croire que Bacchus est ivre : quand il les a enivrées, il se retire. Je ferai un mythe de la retraite de Bacchus sur le Parnasse, parmi les Muses.

IV

WAGNER ET DEBUSSY

Ils sont tous les deux profondément musiciens. Mais Wagner n'est pas musicien seulement; et surtout, n'être que musicien, c'est ce qu'il n'a pas voulu.

Il était né dans le théâtre. Le génie de la scène l'a tenté plus tôt, peut-être, que le génie de la musique. Il a respiré, dès l'origine, l'air de Beethoven mourant ; et Beethoven l'a corrompu par l'exemple. Dans Beethoven, le musicien le cède presque partout au poète ; et l'on peut même dire que le poète le cède au héros. Pour la première fois, avec Beethoven, l'artiste musicien s'est décidément élevé à la conscience et à la fonction de grand homme : on n'entre point dans cette voie sans le vouloir et sans prétendre y rester. Beethoven ne vit sans doute que pour la musique ; mais sa musique n'est pas seulement l'art des sons ; elle est une poésie sonore, une morale sonore, une action sonore, enfin une religion. Dans Beethoven, je vois toujours le musicien de la Révolution : à sa manière, il est le Napoléon de son art, comme Chateaubriand briguait de l'être à la sienne. Les trois hommes sont nés à quelques mois les uns des autres, et les deux plus proches sont morts presque en même temps.

Wagner poète entend bien faire au théâtre ce que Beethoven a fait dans la symphonie. Il en a eu l'ambition dès le début; il l'a soutenue jusqu'à la fin. Quand il célèbre, à soixante ans, le centenaire du Grand Vieux Sourd, il le peint en précurseur; il en fait le Mage et le Baptiste de la musique nouvelle ; il en est lui-même le Rédempteur. Il déclare sans cesse que le drame musical n'est pas seulement le plus haut exploit de la musique, mais l'œuvre suprême de l'art ; elle rend même toutes les autres inutiles ; elles y sont asservies. La volonté de Wagner est d'unir, dans un seul homme, Beethoven à Shakespeare ; et lui-même, lui seul est cet homme-là.

Musicien comme il était, cent ou cinquante ans plus tôt, instruit à l'école de Bach, dans sa Leipzig natale, Wagner n'eût jamais visé si haut ; il excède son art. Il y mêle cet amer poison de la morale, qui semble le poison mental de l'homme : car toute doctrine en art, et toute volonté théologique est de la morale.

Notre Debussy est étranger à ces desseins. Il en est pur ; il en reste aussi exempt qu'on puisse l'être ; et personne même ne l'a été autant que lui de son temps. Plus il est poète, plus il est musicien. Il ne connaît le poème, il ne le réalise dans son monde intérieur que sous la forme musicale ; et toutes ses idées naissent harmoniques. Car il est riche de pensée, quoi qu'il semble ; il peut raisonner sur son art comme Wagner lui-même, et plus purement. On ne saurait être plus fin critique, ni d'une pointe plus perçante : là même où il est le moins juste, il n'est pas dupe : il sait très bien qu'il manque à la justice ; il connaît sa malice ; mais il le veut ainsi : il combat ; il lutte contre une tyrannie toute puissante ; il a résolu de vaincre et de se rendre libre.

Voilà donc où je voulais en venir : l'opposition totale de Wagner et de Claude Achille, au théâtre, vient de ce que les deux grands musiciens ont une idée totalement contraire du rôle que doit jouer la musique. Wagner musicien n'écrit son poème qu'en vue de la musique, et proprement de la symphonie accrue des voix. La musique pour lui est la poésie au cube, multipliée par l'orchestre, que multiplie la voix humaine. Toute œuvre musicale de Wagner est une transposition du poème à la troisième puissance. Et par là, il est dans la quantité comme on ne le fut jamais avant lui, Beethoven seul excepté. Il croit que la musique peut donner au drame un Shakespeare trois fois plus tragique, trois fois plus intense.

Debussy, son idée et son instinct, son sentiment et sa volonté sont tout contraires. Son art ne transpose pas dans l'ordre de la quantité : il traduit. Il met tout en musique avec un scrupule incomparable et une intelligence exquise ; tout est de l'ordre de la qualité. Sa musique est une traduction merveilleuse, comme on prendrait un poème écrit dans une langue commune, pour le faire passer dans une langue de choix, celle de l'expression, telle que l'esprit de finesse la rêve et l'exige.

Wagner n'aurait pu rien faire sur un poème qui ne fût pas de lui. Debussy n'avait aucun besoin d'inventer son poème : quel qu'il fût, quelque chef-d'œuvre littéraire qu'il eût choisi, il l'eût traduit en musique ; il l'eût fait sien ; il l'eût créé à nouveau dans le sein de l'harmonie.

V

La nature, à la fin, se délivrera d'elle-même dans une sublime conscience. C'est là que la pensée ne fera plus qu'un avec l'instinct ; car là, il n'y aura plus d'autre instinct que l'instinct de connaissance. Tout ce que l'homme aura souffert de la nature, et qu'il lui fallait souffrir pour se séparer de l'instinct et prendre conscience, trouvera dans la connaissance parfaite une égale récompense. Voilà où l'on peut mesurer la distance infinie qui sépare la connaissance de la simple raison ou du pur intellect. L'intellect est de l'automate ou du mécanique à l'égard de la conscience, qui est la connaissance toujours vivante, toujours en train de se faire. La raison est du tout fait, et comme la matière de l'esprit.

La poésie, la musique, la forme artistique sont à la fois les revanches du tout puissant instinct enchaîné dans l'homme, et les vols d'essai, les essors tout puissants de la conscience humaine vers le ciel de la connaissance.

Un art intellectuel n'a pas de sens. Mais s'il pense réellement, il a un nom : la science.

Toute forme d'art est musicale, si elle est vraiment artistique. L'architecture est une musique de l'espace. La poésie est une musique de la pensée en passion avec la vie. Et Psyché le sait bien, qui se donne éternellement à l'Amour, pour que naisse le chant.

La musique est la poésie de Psyché qui s'éveille. La musique trompe l'ombre, et elle enchante les ténèbres.

La musique est le soleil du crépuscule.

La musique est le soleil et le miroir de la tristesse.

O chant, c'est toi l'invitation à l'oubli.

BAUDELAIRE ET WAGNER

LA PREMIÈRE LETTRE DE BAUDELAIRE A WAGNER

M. Jacques Doucet fait des collections incomparables. Il ne s'en déprend pas, une fois achevées ; mais la curiosité de son esprit l'empêche de se reposer dans la perfection même ; et si tôt qu'il a tiré d'un objet tout le plaisir ou toute la beauté qu'il peut avoir, il passe à un autre. Au XVIIIe siècle il a fait succéder cette Bibliothèque d'Art et d'Archéologie, qui est sans pareille au monde, et dont il a fait présent à l'Université de Paris : toute l'Europe l'envie à la Sorbonne. Depuis, M. Jacques Doucet a réuni la plus précieuse et la plus exquise des collections de livres, la plus vivante aussi. Dans cette librairie, il a rassemblé tout ce que les lettres françaises ont donné de plus rare depuis soixante ans : non seulement les œuvres y figurent dans les plus beaux tirages, mais les manuscrits des poètes, leurs brouillons, leur correspondance et leurs secrets y sont rangés à côté des éditions originales et des exemplaires uniques.

En dernier lieu, M. Jacques Doucet a trouvé une lettre de Baudelaire à Wagner de la plus haute portée. Cette lettre paraît être la première que le grand poète ait écrite au puissant musicien. C'est par elle qu'ils ont fait connaissance. Elle est du 17 février 1860, au moment où Wagner, fixé pour un temps à Paris, espérait tour à tour d'y faire jouer l'une quelconque de ses œuvres, et où il finit par donner *Tannhæuser* à l'Opéra, dans la cabale et la tempête de sifflets que l'on sait. Tel est le document, d'un intérêt si élevé, que M. Jacques Doucet nous confie aujourd'hui.

Vendredi, 17 février 1860.

Monsieur,

« Je me suis toujours figuré que si accoutumé à la gloire que fut * un grand artiste, il n'était pas insensible à un compliment sincère, quand ce compliment était comme un cri de reconnaissance, et enfin que ce cri pouvait avoir une valeur d'un genre *singulier* **

* *Sic.*

** Les mots soulignés le sont dans le texte.

quand il venait d'un Français, c'est-à-dire d'un homme peu fait pour l'enthousiasme et né dans un pays où l'on ne s'entend guère plus à la poésie et à la peinture qu'à la musique. Avant tout, je veux vous dire que je vous dois *la plus grande jouissance musicale que j'aie jamais éprouvée.* Je suis d'un âge où on ne s'amuse plus guère à écrire aux hommes célèbres, et j'aurais hésité longtemps encore à vous témoigner par lettre mon admiration, si tous les jours mes yeux ne tombaient sur des articles indignes, ridicules, où on fait tous les efforts possibles pour diffamer votre génie. Vous n'êtes pas le premier homme, Monsieur, à l'occasion duquel j'ai eu à souffrir et à rougir de mon pays. Enfin l'indignation m'a poussé à vous témoigner ma reconnaissance ; je me suis dit : Je veux être distingué de tous ces imbéciles.

« La première fois que je suis allé aux Italiens, pour entendre vos ouvrages, j'étais assez mal disposé, et même, je l'avouerai, plein de mauvais préjugés ; mais je suis excusable ; j'ai été si souvent dupe ; j'ai entendu tant de musique de charlatans à grandes prétentions. Par vous j'ai été vaincu tout de suite. Ce que j'ai éprouvé est indescriptible, et si vous daignez ne pas rire, j'essaierai de vous le traduire. D'abord il m'a semblé que je connaissais cette musique, et plus tard en y réfléchissant, j'ai compris d'où venait ce mirage ;

il me semblait que cette musique était *la mienne*, et je la reconnaissais comme tout homme reconnaît les choses qu'il est destiné à aimer. Pour tout autre que pour un homme d'esprit, cette phrase serait immensément ridicule, surtout écrite par quelqu'un qui, comme moi, *ne sait pas la musique*, et dont toute l'éducation se borne à avoir entendu (avec grand plaisir, il est vrai) quelques beaux morceaux de Weber et de Beethoven.

« Ensuite le caractère qui m'a principalement frappé, ç'a été la grandeur. Cela représente le grand, et cela pousse au grand. J'ai retrouvé partout dans vos ouvrages la solennité des grands bruits, des grands aspects de la Nature, et la solennité des grandes passions de l'homme. On se sent tout de suite enlevé et subjugué. L'un des morceaux les plus étranges et qui m'ont apporté une sensation musicale nouvelle est celui qui est destiné à peindre une extase religieuse. L'effet produit par l'*Introduction des invités* et par la *Fête nuptiale* est immense. J'ai senti toute la majesté d'une vie plus large que la nôtre. Autre chose encore : j'ai éprouvé souvent un sentiment d'une nature assez bizarre, c'est l'orgueil et la jouissance de comprendre, de me laisser pénétrer, envahir, volupté vraiment sensuelle, et qui ressemble à celle de monter dans l'air ou de rouler sur la mer. Et la musique en même temps respirait quelquefois l'orgueil de la vie. Généralement ces profondes harmonies me paraissaient ressembler à ces excitants qui accélèrent le pouls de l'imagination. Enfin, j'ai éprouvé aussi, et je vous supplie de ne pas rire, des sensations qui dérivent probablement de la tournure de mon esprit et de mes préoccupations fréquentes. Il y a partout quelque chose d'enlevé et d'enlevant, quelque chose aspirant à monter plus haut, quelque chose d'excessif et de superlatif. Par exemple, pour me servir de comparaisons empruntées à la peinture, je suppose devant mes yeux une vaste étendue d'un rouge sombre. Si ce rouge représente la passion, je le vois arriver graduellement, par toutes les transitions de rouge et de rose, à l'incandescence de la fournaise. Il semblerait difficile, impossible même d'arriver à quelque chose de plus ardent ; et cependant une dernière fusée vient tracer un sillon plus blanc sur le blanc qui lui sert de fond. Ce sera, si vous voulez, le cri suprême de l'âme montée à son paroxysme.

« J'avais commencé à écrire quelques méditations sur les morceaux de *Tannhœuser* * et de *Lohengrin* ** que nous avons entendus ; mais j'ai reconnu l'impossibilité de tout dire.

« Ainsi je pourrais continuer cette lettre intermina-

* Sic : *œ*.
** *Lœ* barré.

blement. Si vous avez pu me lire, je vous en remercie. Il ne me reste plus qu'à ajouter quelques mots. Depuis le jour où j'ai entendu votre musique, je me dis sans cesse, surtout dans les mauvaises heures : *Si, au moins, je pouvais entendre ce soir un peu de Wagner!* Il y a * sans doute d'autres hommes faits comme moi. En somme vous avez dû être satisfait du public dont l'instinct a été bien supérieur à la mauvaise science des journalistes. Pourquoi ne donneriez-vous pas quelques concerts encore en y ajoutant des morceaux nouveaux? Vous nous avez fait connaître un avant-goût de jouissances nouvelles ; avez-vous le droit de nous priver du reste? — Une fois encore, Monsieur, je vous remercie ; vous m'avez rappelé à moi-même et au grand, dans de mauvaises heures.

Ch. Baudelaire.

« Je n'ajoute pas mon adresse, parce que vous croiriez peut-être que j'ai quelque chose à vous demander. »

A ces derniers mots, qui ne reconnaîtrait Baudelaire? Voilà bien son orgueil, et cette légère insolence, disent ses ennemis, qui ne va pas sans quelque affec-

* Trois mots barrés.

tation. Non ; mais plutôt la réserve farouche d'une grande âme malheureuse, qui se donne sans marchander à ce qu'elle admire, et qui ne veut pas être soupçonnée de rien attendre pour elle en retour ni de rien demander. Il n'est guère de pudeur qui ne semble dédaigneuse, tant le commun des hommes est affiché.

La lettre est écrite sur une feuille de papier blanc, très mince, vergé, dans le sens de la largeur. Au haut de la première page, dans le coin gauche, un écusson blanc, aux armes de Paris, comme si Baudelaire avait rédigé sa lettre à l'Hôtel de Ville, ou chez un ami qui tenait son papier de quelque bureau municipal, Champfleury peut-être ? L'écriture est très nerveuse, très rapide, très serrée : il y a quatre pages bien pleines de 26, 29, 28 et 29 lignes. On peut croire à un brouillon que Baudelaire copie : quelques erreurs de plume sont corrigées, le mot ne paraissant pas assez lisible à l'écrivain. Aucune correction de texte. Les caractères sont petits, fort nets, très liés. La signature, bien au milieu de la ligne, est aussi simple qu'on peut l'attendre d'un grand poète, sans paraphe ni ornement d'aucune sorte. L'encre n'a pas beaucoup pâli ; elle est encore noire, avec un reflet d'ocre.

Il est curieux d'observer que l'article de Baudelaire

sur *Tannhæuser*, dans la *Revue Européenne*, du 1er avril 1861, reproduit textuellement quelques mots et quelques phrases de la lettre. Soit que Baudelaire les eût dans la mémoire ; soit, bien plutôt, que la lettre elle-même n'ait été, comme je le pense, que la copie d'un brouillon conservé par le poète, et qui a servi de premier canevas à la brochure.

Les Concerts, qui ont tant ému Baudelaire, sont les trois concerts donnés par Wagner aux Italiens, salle Ventadour, les mercredi 25 janvier, 1er et 8 février 1860. Le programme fut le même, les trois fois. A savoir :

I. — Ouverture du *Vaisseau Fantôme*.
II. — Marche avec Chœurs du Second acte de *Tannhæuser*.
III. — Introduction du Troisième acte, *Tannhæuser*.
IV. — Chœur des Pèlerins et Ouverture de *Tannhæuser*.
V. — Prélude de *Tristan et Isolde*.
VI. — Prélude de *Lohengrin*.
VII. — Le Réveil du Matin, *Lohengrin*.
VIII. — Introduction du Troisième acte de *Lohengrin*.
IX. — Épithalame de *Lohengrin*.

La catastrophe de *Tannhæuser* est du lundi 13 mars

1861, un an plus tard. La carrière publique de Wagner en France, sa dernière campagne pour conquérir Paris tient donc entre la lettre de Baudelaire et ses articles de la *Revue Européenne*. Avant tout, on voudrait savoir si Wagner a répondu lui-même au poète, et comment. A-t-il été touché de ce témoignage, si ardent et si généreux ? En a-t-il été flatté ? Savait-il précisément qui était Baudelaire ? Ou le jugeait-il comme l'opinion vulgaire, en 1860 ? Trois ans après *Les Fleurs du Mal*, Baudelaire passait pour un poète à scandale, un « réaliste » comme on disait alors en se signant *, une espèce d'original mal famé, et peu s'en faut un malhonnête homme. Les meilleurs amis de Wagner à Paris étaient ceux de Liszt, et d'abord la propre famille de l'illustre virtuose : sa fille aînée, Blandine, était mariée depuis peu à Émile Ollivier, héros moral s'il en fut, à la mode oratoire de 1848 ; bonnes gens sans doute ; libéraux en politique, mais d'esprit peu libre ; bornés, comme il arrive presque toujours à ces têtes bourrées de principes, juchées sur les hautes cravates noires de la doctrine. A ces nez puritains, Baudelaire devait fort sentir le fagot. Il est bon de se le rappeler : Baudelaire alors a quarante ans, et Wagner touche à

* *Fétis... a écrit quelque part que Wagner « était le Courbet de la musique* ». Richard Wagner, par Champfleury, p. 4. Paris, 1860.

la cinquantaine. Le poète et le musicien sont en pleine possession, chacun, de son génie : Wagner achève *Tristan*, et Baudelaire augmente *Les Fleurs du Mal* de quelques pièces admirables. La lettre, qu'on vient de lire, les a mis en relations.

Parlant de ses amis parisiens, Wagner écrit à cette date : « Une connaissance plus intéressante encore fut celle du poète Baudelaire. Il se présenta dans une lettre où il me disait les sensations que lui avait fait éprouver ma musique, à lui qui ne croyait posséder que le sens des couleurs et non celui des sons. Le ton singulièrement fantastique et hardi de ses épanchements me fit deviner en Baudelaire un esprit extraordinaire qui poursuivait avec une fougueuse énergie et jusque dans leurs dernières conséquences les impressions qu'il avait reçues de ma musique. A sa signature il n'ajouta pas son adresse afin, disait-il, de ne pas m'induire à croire qu'il désirait quelque chose de moi. Bien entendu, je sus le découvrir quand même et il ne tarda pas à se joindre au cercle de connaissances que je réunissais chez moi le mercredi soir*. »

Grandeur de Wagner. Son caractère ne se dément pas. Sa clairvoyance est manifeste; et d'ailleurs, il ramène tout à soi. Il pressent la force et la valeur de

* Richard Wagner. *Ma Vie*, III, 253 ; traduction Valentin ; 3 vol. in-8°, Paris. Plon, édit., 1912.

Baudelaire, mais il ne s'y intéresse pas, sauf en ce qui le concerne lui-même. Il voit très bien que Champfleury n'est pas Baudelaire. Tout prouve pourtant que Baudelaire ne lui est réellement pas connu pour ce qu'il est : il n'a pas un mot pour ses œuvres, pas une allusion aux *Fleurs du Mal*, qu'assurément le poète lui a données. Le désintéressement de Baudelaire n'en est que plus beau, plus intelligent et plus noble. Wagner musicien comprend bien moins Baudelaire poète, que le poète Baudelaire n'entend Wagner musicien. On a dû le mettre en garde contre Baudelaire, lui en faire une espèce de cynique dangereux, un demi-monstre, un poète corrompu, digne de la décadence. Et pourtant, Wagner n'a pas hésité : même sans aimer la poésie de Baudelaire, sans goûter la beauté de ses vers ni la comprendre peut-être, il a reconnu l'intelligence et l'homme d'un haut rang sous le nom scandaleux.

Plus on va, plus on admire la supériorité de Baudelaire dans la critique d'art. Pour mieux dire, il n'est pas critique : Baudelaire est un grand esprit qui s'applique aux œuvres de l'art, et qui discerne du premier coup en quoi les unes sont de l'ordre le plus élevé, en quoi les autres ne pourront jamais l'être. Il est le bien voyant, le vrai poète qui pense sur la poésie. Tout, chez Baudelaire, est fonction de l'esprit. Jamais poète, si ce n'est Dante, n'a tant donné à l'intelligence. « Je plains les poètes que guide le seul instinct », dit-il, à propos de Wagner précisément. Voilà son immense mérite, en 1860, par où il est classique. La poésie de Baudelaire est toujours de l'âme. Même dans ce qu'il a de plus réaliste, il en appelle de la matière à l'esprit. Il n'est jamais au dehors, et toujours au secret de l'homme. S'il a la haine de l'effusion sentimentale, c'est qu'elle compromet, c'est qu'elle galvaude le plus bel élan et la plus haute aspiration de l'âme intelligente.

Le goût de Baudelaire est infaillible, quand il s'agit d'une œuvre vivante ; seuls, les ouvrages de son temps l'intéressent assez pour qu'il en parle. Il les aime avec passion ; il a ce magnifique courage. Sans doute, il s'y cherche lui-même ; il est rare qu'il les déforme. Il se fait à eux, plus qu'il ne les plie à soi ; ceux qui ne prêtent guère à cette intimité, il ne s'y attarde pas ou les néglige.

Certainement, Baudelaire est très sensible à la musique. Il n'eût pas été le poète d'une harmonie nouvelle, pleine de correspondances, qu'il fut entre tous, si la musique ne l'eût pas profondément ébranlé. Ce grand malade de l'âme ne voyage pas en maître, mais en rêveur dans le royaume des sons. Malade à la façon des saints, parce que leurs impressions sont trop riches, que leurs émotions vont trop loin, qu'elles ont trop d'échos et de résonances. La poésie est toujours païenne, comme la vie ; mais il y a la moitié d'un saint dans le plus païen des poètes modernes. Une âme profonde et passionnée, qui se distingue elle-même de la nature, est toujours malade pour les âmes simples, épaisses et carrées. Le goût de Baudelaire est la réflexion de cette richesse intérieure : l'œuvre d'art qui l'émeut, qui le trouble ou le console, qui passionne enfin son intelligence en la multipliant, celle qui répond à ses correspondances entrecroisées, une telle œuvre le séduit et l'enchante. Voilà ce qu'il explique à Wagner dans sa lettre, et dont Wagner n'a peut-être pas mesuré toute la portée. Au contraire, l'œuvre qui laisse muettes toutes les résonances du poète le dégoûte ou l'ennuie : il devine qu'il n'a rien à en faire, et qu'elle ne saurait être d'un haut prix. Il a donc le discernement du grand et du rare ; il a le goût souverain de ce qui lui convient, qui devait nous convenir plus tard et nous satisfaire, au moins en partie. Là-dessus, Baudelaire ne se trompe jamais, pas plus sur Ingres que sur Delacroix, sur Manet que sur Flaubert, sur Edgard Poë que sur Goya. Et il a eu raison sur Wagner plus que sur personne.

En musique, il n'a point de connaissances précises, et sa culture est médiocre. Mais son grand goût l'avertit ; son discernement naturel le sauve des erreurs, où l'ignorance tombe si volontiers et si vaniteusement, à pieds joints, et les deux bras en l'air, s'applaudissant d'être sotte et s'en faisant des grâces peu nouvelles. Qu'on écoute, à propos de *Tannhæuser*, les épouvantables braiments de Paul de Saint-Victor, au même moment : celui-là, bien entendu, disserte, comme ont toujours fait les ânes, en tout temps, de « musique savante, musique mathématique », de « chaos musical », de « fracas et d'algèbre ».

Baudelaire avoue ne pas savoir la musique. Il devine en partie ce qu'il ignore. Il se défend de parler le langage technique : il ne fait pas comme le bon Théophile Gautier, d'ailleurs généreux, riche d'éloges et d'excellentes intentions ; mais, moyennant quelques propos qu'on lui a soufflés sur le 6/8, le 2/4, la strette et autres titres de solfège, il entasse les bêtises sur les coqs-à-l'âne les plus réjouissants. Ainsi, à propos de l'éternel *Tannhæuser*, Théophile Gautier écrit : « L'orchestre est plein de fugues, de canons, etc… Le désordre apparent venant de l'absence du rythme carré, que le maître évite de parti pris, de même qu'*il s'abstient de moduler*. » Ce dernier trait vaut son pesant d'or.

Baudelaire est toujours vrai avec lui-même, toujours hardi, toujours libre. Il ne ménage rien ; il est au dessus de toute envie ; il n'écoute pas ses propres rancunes pour médire d'une œuvre. Sa lettre à Wagner et sa brochure lui font autant d'honneur, que les articles de Berlioz ont fait tort à son caractère et à son intelligence.

La critique de Baudelaire est essentiellement cette critique de poète, qu'il a lui-même définie. Elle touche le fond, même quand elle se trompe sur le détail. Sans doute, si on la prend du côté musical, la critique de Baudelaire est pleine de confusion et de naïvetés qui font sourire ; mais où le musicien est en défaut, il n'arrive jamais à l'artiste de l'être. S'il en était besoin, l'étrangère de Mantinée nous rappellerait que la connaissance intime de l'art vaut mieux que la science de la musique et de la poésie. On ne voit pas trop à quels fragments de *Tannhæuser* ou de *Lohengrin* Baudelaire fait allusion ; et pourtant il distingue du premier coup ce qu'il y a de plus wagnérien dans la musique de Wagner. Son analyse est si pénétrante qu'elle rencontre souvent les commentaires de Liszt : ils ont parfois les mêmes expressions pour désigner les mêmes profondeurs, qui leur sont révélées par les voies diverses et si voisines, parentes et contraires, de la musique et de la poésie. Baudelaire, en son temps, était seul capable d'une telle intuition. Tous les arts ont eu place dans son admirable intelligence ; mais il a été le premier des poètes français nés aussi sous l'étoile de la musique. Il a sauvé la gloire de la poésie française dans cet autre Sadowa, la basse et ridicule défaite du *Tannhæuser*. Baudelaire devait être un allié pour Wagner : tout l'y destine, tout l'y engage ; mais plus que tout, sa vocation pour l'esprit. Dès la première rencontre avec la musique du grand Magicien, il est sensible à tant de passion intelligente, à cette pensée partout répandue dans le sentiment, à cette mystique où l'art de Wagner baigne et se retrempe, à cette émotion irrésistible qui n'est jamais passive, parce que la volonté toujours la guide et la régit.

DANSE ET MUSIQUE

I

Toute danse appelle l'amour. Tout ballet laisse un regret : l'âme un instant ravie n'est pas satisfaite : elle retombe où le spectacle l'a prise, d'où la musique l'a relevée, l'invitant à la suivre, mais où la danse ne lui a pas permis de se fixer. Cette folle Ménade s'enivre de ses bonds ; elle ne brûle que du vin qu'elle boit ; elle n'aspire pas à une ivresse éternelle, celle que la vigne du cœur verse à l'esprit. Elle n'a rien d'intérieur ; elle n'est point méditative. Mêmes furieuses, ses passions sont éphémères, et toujours courantes ; elle est toute charnelle et toute à la volupté : elle n'en a même pas les mélancolies, tant sa nature est légère. Ainsi, après l'avoir saisie humblement par la main, après s'être suspendue à ses bras, la danse trahit la musique. Elle lui demande ce grand cœur, passionné et tendre, dont elle ne fait rien : elle ne lui donne pas le sien, car elle n'en a pas. Comme la jeunesse, elle n'a que son élan et son caprice à donner. Et qu'est-ce donc, pour l'art et la suprême convoitise de l'homme, que le corps même le plus charmant, s'il est sans âme ?

II

L'ancien ballet est un conte ou une épopée sans paroles, que les gestes figurent et que la musique accompagne avec un excès de fidélité. Le ballet semble immuable : on le dirait lié à cette forme surannée. Les Russes y ont mis beaucoup plus de surprise, une vie et une couleur parfois admirables. Mais ils ont beau faire : toutes leurs inventions ne vont qu'à embellir un art qui a fait son temps. Ils rendent à la mode une beauté démodée : le ballet de Nijinski ressuscite le ballet de Vestris, comme l'Europe de 1914 rappelle celle du Directoire.

Quel abus du ballet en tout genre, à tutu ou sans tutu. Tant qu'il y aura du tutu dans le ballet, on n'aura pas la danse. Je parle de tutu pour faire bref. Le tutu n'est qu'un signe, celui du rond de jambe, des bras en l'air, du sourire collé au visage humain, comme un masque de bouche à l'autre masque : même dans le feu, ce sourire est glacé. On croit voir un peuple de poupées et de pantins en cire. Une femme, passe encore ; mais il me souvient avec horreur d'un danseur scandinave : je ne sais rien de plus ridicule, de plus laid et de plus lourd que ce Lapon gras, fessu, aux larges cuisses, au ventre mou qui faisait la femme, bien pis, l'almée.

III

La danse est la promesse d'un art, et n'est pas de l'art véritable. La danse formelle doit disparaître. La danse pour la danse n'a pas de sens. Le destin de la danse est d'être enfin la servante de la musique. En musique, comme en tout, c'est le poème qui compte le plus.

Tout tourne en film et en ballet. Film et ballet sont les deux conquêtes de l'art par la plèbe. Le ciné tend à remplacer le drame et la comédie. Le ballet se substitue à la tragédie en vers et au drame lyrique. Il n'y a pas de plus cruel abaissement. Les gestes sont le signe du sauvage. Partout où l'image tient lieu de la parole, la matière évince l'esprit.

Les pauvres multitudes sont ravies de ne point penser et de n'avoir même pas à faire le moindre effort d'imagination. On leur sert *Bérénice* sans vers et sans nuances : l'anecdote est tout ce qu'il leur faut.

Les foules de l'élite sont à peine moins grossières : des *Mille et une Nuits*, on leur fera une galerie de peintures persanes ; et demain, on leur offrira, en guise d'*Hamlet*, un carton d'estampes anglaises ou chinoises. Le ballet n'est rien de plus que le cinéma des riches.

IV

Le mime nu et réduit au seul langage des gestes est une forme puérile de l'art. La danse pure, aux rythmes simples et carrés, en est une forme sauvage et presque liée à l'instinct. Par contre, mime et danse à leur juste place, donnant le secours de la plastique et du mouvement à la musique et au poème, peuvent faire la plus belle et la plus riche des œuvres d'art.

A mon gré, la symphonie seule n'y suffit pas. J'y voudrais aussi des voix récitantes et des chœurs. Il y faudrait le goût le plus sobre et l'expression la plus concise : le moins de paroles qu'il se pût, et du sens le plus essentiel ou le plus fécond en résonances, en échos pensants.

La musique aspire à cette forme suprême, comme à sa délivrance. Le poème symphonique l'annonce. Le jeu scénique n'ajoute rien aux grandes fresques de Wagner : il les gâte plutôt, parce qu'il les ravale à la taille et à la présence des interprètes. On n'a pas besoin de voir les ondines, ni les nains, ni les géants, qui sont toujours de pauvres hères et toujours ridicules. On entend mieux les voix, quand on ne voit point les corps. S'il dépouille le comédien, le chanteur n'en est que plus fidèle à la musique. Le bon serait que l'on vît de belles figures mimer les êtres ou l'action, et qu'on entendît de beaux chants, sans qu'ils fussent visibles. Wagner n'est pas traîné seulement au concert par l'avarice ou la paresse des chefs d'orchestre : *Tristan* excepté, sa musique y est plus musique et plus elle-même qu'à la scène, où le spectacle la corrompt. *Parsifal*, cette messe sublime, pour la meilleure part, est le concert mimé que je veux dire.

La voix mérite bien qu'on la traite enfin comme un incomparable instrument d'orchestre : le luth des passions, la viole humaine.

Peu de paroles : aussi bien ne les perçoit-on jamais. Quelques-unes, mais du plus haut prix, et qui ont la portée du texte religieux à l'église ; de celles qui font rêver la vie, ou qui nomment en nous les cimes où elle touche, les abîmes où elle se penche, les autres horizons. Pour la musique, tout poème doit être plus ou moins mystique. Les beaux mimes faisant voir l'action, les voix invisibles faisant entendre les sentiments et les âmes, quel spectacle ce pourrait être.

V

Il est un grand rythme, qui est au rythme banal ce que l'harmonie des vrais musiciens est à la mélodie des autres.

Les ensembles de la pensée musicale, ses courbes diverses et leurs relations entre elles définissent ce rythme. Ainsi, une suite d'architectures constitue la fresque monumentale d'une ville : la Cité, puis le Louvre, puis la Concorde et les Champs-Élysées. Ou bien la Seigneurie, la place du Dôme avec le Campanile, et les retours obstinés et félins de Florence sur l'Arno.

Je vois fort bien un poème de musique mimée, dont les grands rythmes seraient faits uniquement par l'alternance calculée des mouvements, tantôt lents, tantôt rapides, ici des ondulations, là des bonds plus vifs ou plus vites ; alternant par masses, comme un palais avec une église, une loge avec un clocher, ou mieux encore comme les strophes et les antistrophes, toutes de mètres différents.

VI

La barre de mesure porte tout le ballet moderne, à l'égal de l'ancien. De là, l'ennuyeuse monotonie des mimes. L'abus du rythme simple et carré montre que cet art est encore dans les langes ; mais cette enfance est usée ; elle se répète sans cesse, elle radote. La splendeur de la mise en scène n'y change rien. Le ballet est si vieilli qu'il tourne en peinture : c'est un tableau vivant, que la symphonie veut embellir et qu'elle nuance.

La barre de mesure soutient toute la tradition des gestes et des pas, si niais la plupart et si ridicules. Cette barre est de fer, pour la solidité : elle a été forgée par Vulcain, en don vengeur à Terpsichore.

Le rythme passe de bien loin la mesure : il y supplée. Il est même une sorte ample et libre de rythme qui va décidément contre la mesure.

Pour suppléer au rythme simple, si usé et si lourd d'ennui, il y a l'arabesque sonore, avec sa courbe aux éléments infinis, qui est un rythme délivré.

VII

En tout art, mais en musique plus qu'en nul autre, nous allons à un discours libre de toute entrave, à une forme non serve qui ne saurait être prescrite, et qui ne puisse être imitée : celle qui convient à une œuvre et à elle seule, parce qu'elle est le signe de l'émotion qui l'a fait naître. L'arabesque sonore enferme un poème, et ne peut servir à en circonscrire aucun autre : elle en est le rythme réel. Là, toute fraude est impossible, toute feinte, interdite. De même que l'harmonie naturelle révèle sans masque le génie sensible du musicien, l'arabesque sonore et son rythme libre expriment son esprit.

VIII

En ce qui concerne le poème, l'allégorie est venue, de tout temps, en aide à la figuration grossière de l'anecdote. Les mimes sont des allégories, si tôt qu'ils ne sont plus des drames muets. Le squelette armé de la faulx évoque la Mort. Une forte matrone, qui tient les balances, le regard dans les frises, sans voir où elle pose le pied, c'est la Justice ; et l'on devine aisément qu'elle va boiter dans la coulisse ; car elle ne sortira pas de scène, sans avoir trébuché. Cette façon de penser enfantine est pourtant le grand art du ballet : l'anecdote mimée, l'histoire sans paroles n'étant vraiment que le plus humble degré du drame. Partout où l'on fait fi de la parole belle, on fait fi de la pensée. Il faut bien des efforts pour penser à une époque où tout est plastique. Les Saisons, les Heures, les Ages de la vie, les voyages aux plus lointains pays de Tendre, toutes les Indes galantes du lieu commun ont nourri l'ancien ballet d'allégories. Et peu s'en faut que le ballet ne s'en soit cru pensant. Aujourd'hui, je ne sache pas qu'il pense.

IX

Le rythme en est resté, dans la plupart des hommes, à la numération si simple de l'origine : le battement du cœur, le souffle respiratoire, cette mesure à deux temps ou à quatre ; et la marche qui est fonction des deux autres mouvements. Cette distribution régulière des temps forts et des temps faibles revient périodiquement dans le discours poétique ou musical : elle paraît fatale, tant elle est organique. Et plus elle est infaillible, plus elle est monotone. L'homme commun n'a pas encore compris le sens de la nuance, en ce domaine. Toute la question est de la période, en effet, quel en est le genre, quelle la teneur, quelle l'étendue. Un monde inconnu s'ouvre au sens du nombre et à l'oreille : il n'est pas possible qu'on s'en tienne toujours aux quinze ou vingt premières cases de la table de Pythagore. Le rythme, tel qu'on l'entend communément, est aussi loin du rythme à venir que la symétrie de l'harmonie véritable. La symétrie est l'expédient le plus vulgaire, et la parodie même d'un ordre harmonieux. Elle aussi est fondée sur la nécessité organique de l'homme. Mais cette ordonnance n'est pas la seule ; il n'y a pas que des courbes planes ; il en est dont tous les points ne sont pas dans le même plan. Je conçois la musique faisant les mêmes découvertes, et les transposant de l'espace à l'ordre du temps. La période est une révolution verbale du sentiment dans la pensée : la voici qui part, qui fait route et qui achève son beau circuit : elle s'accomplit dans le retour de la figure. Les formes rigides du ballet doivent disparaître : elles font injure au poème de la danse.

Déjà la danse quitte le bond à deux ou à trois temps, pour des figures plus complexes et plus rares. La marche en cadence est plus riche, cent fois, en toute sorte de rythmes que les rythmes marqués de nos danses. La lenteur pâmée, les langueurs frémissantes et les secousses brusques des danses nouvelles sont des essais à pénétrer dans ce monde séduisant de l'arabesque sonore et des rythmes inconnus.

X

Si propre aux sentiments et à la passion, la musique l'est beaucoup moins au drame. Tout ce qui est trop précis finit par lui nuire ; elle-même nuit toujours à l'action : par nature, elle l'arrête, elle la fixe. Le cri est le contraire du chant, et jusqu'à un certain point le dialogue même. Dès qu'elle parle au sentiment, toute musique est lente. Au contraire, elle invite au rêve : elle en ouvre les avenues, à l'infini. Je dirai tout d'abord par où je veux conclure : le drame des idées non rationnelles est le drame musical entre tous. Il ne peut plus y avoir de métaphysique persuasive ou pénétrante qu'en musique. Et cette musique doit être un poème de danse, ou ne s'en mêler pas.

Quand la science ou le bon sens vulgaire s'en prennent à la métaphysique, elle n'a plus qu'à refuser le combat, à céder la place et à fuir. La science et la raison commune triomphent à peu de frais : elles sont les servantes du Seigneur, qui sont devenues ses maîtresses ; et elles comptent bien hériter du domaine, quand il sera mort du cœur. Ces deux filles de ferme ont l'insolence tranquille des paysans qui, une fois propriétaires, ne se rappellent plus leur servage de la veille ; et tandis qu'ils remuent du purin, qu'ils entassent du fumier et qu'ils préparent leurs champs, ils demandent avec la plus morne outrecuidance à Newton formulant ses équations sous un pommier, et bien plus encore à Shakespeare écrivant *La Tempête* : « A quoi cela sert-il ? Mange-t-on du papier ? Il n'est bons chiffres que la somme des recettes au retour du marché. » Mais Shakespeare sourit, et fait parler Caliban.

La science a raison dans son ordre, comme le sens commun dans le train de la vie quotidienne. Toutefois, tant qu'il y aura des esprits pour rêver, pour concevoir le monde et n'y pas être seulement, la religion et la métaphysique seront pour eux une nécessité : comme elle est la plus amoureuse, elle est la plus profonde, sinon la plus directe. L'art y répond : et entre tous les arts, la poésie et la musique.

XI

J'admire en riant comme ma solution est de nature à satisfaire tous les amours-propres. Les gens de bon sens diront qu'il est bien digne de la métaphysique et de la religion qu'elles se résolvent en art, en musique et en poème : toutes ces fumées sont bien faites pour répondre les unes des autres. Je le crois aussi. La raison géométrique n'a plus rien à faire ici. Où la logique prend fin, que le rêve de la poésie commence. Faut-il l'avouer ? L'amour, tel que l'homme l'a conçu, le cœur, la charité, la musique, l'art enfin ne sont point de la raison ni du bon sens. La musique est métaphysique en son fond. Elle est du temps qui se fait oublier. Grâce à la musique, le temps est l'espace du cœur, ou de l'esprit rendu sensible au cœur par l'émotion. La musique est désormais la véritable expression de la religion et de la philosophie première. En vers ou en prose, le grand poème ne l'est sans doute pas moins ;

mais il ne s'adresse qu'au solitaire. La musique seule fait l'assemblée.

Infini ou absolu, Amour enfin, Dieu sensible au cœur, voilà ce que l'art des sons propose à l'homme. Ces divins propos ou ces fantômes n'ont plus de réalité que dans le poème symphonique de la danse. Et grâce à la Muse, nous en aurons fini, une fois pour toutes, avec la querelle rationnelle. Ainsi le ballet est la forme suprême de la métaphysique.

SUR WAGNER

I

WAGNER ET LE POÈME

Wagner peut bien s'être trompé sur le drame musical. Il peut bien n'avoir plus raison, quand il veut donner à l'action symphonique le cadre obligé de la légende. Mais eût-il imposé une direction funeste au drame musical, il n'en a pas moins connu, mieux que personne, l'essence de la musique. Au bout du compte, il ne s'agit, dans Wagner, ni d'art romantique, ni de trilogie renouvelée des Grecs, ni de tout ce que les critiques tripotent et dépenaillent dans ces grandes œuvres : toute la question est de la pensée : faut-il de la pensée dans la musique ? ou, mieux encore, faut-il penser en art ? Il va de soi que l'immense foule des hommes et la plupart des musiciens, ne pensant pas, ne se soucie pas qu'on pense. Les musiciens, les peintres, et tous les virtuoses d'un art, quel qu'il soit, ont la défiance de ce qu'ils ignorent, et ils en prennent la haine, quand ils se rendent compte de ce qu'ils n'ont pas. Toutes les grandes œuvres ne durent que par la pensée : comme elle en fait la vie, la pensée en fait la certitude. Plaire est du moment. Le plaisir est un parfum dans la brise, un rayon sur l'eau ; présent délicieux de l'instant à l'instant, et qu'il faut payer d'on ne sait quel abandon, comme si l'homme n'était lui-même que pour aspirer sans cesse au plaisir et ne s'en jamais satisfaire. A la vérité, la pensée seule ne donne rien en art. Mais si l'on admet que l'artiste est, d'abord, un homme doué pour manier le langage de l'art qui répond le mieux à sa nature, et dont il s'est le mieux rendu maître par l'étude, entre celui qui pense et celui qui ne pense pas, il y a tout l'abîme qui sépare un oiseau gazouillant de Jean-Sébastien Bach jouant un de ses Adagios sur le violon.

En fait, il n'est pas un grand artiste qui n'ait chargé son art de toutes les pensées dont il fût capable.

Reste le problème de l'expression. Il est d'une toute autre espèce.

Quand on voit une foule de mandolinistes petits ou grands, nègres ou blonds, prendre *Parsifal* en pitié et traiter Wagner avec mépris, on a le même sentiment que Faust écoutant les discours et les leçons du jeune Homoncule — nom charmant en français, vocatif même — dans sa magique fiole. Ils veulent nous faire croire que la musique est déchue du moment qu'elle va chercher et qu'elle touche tout ce qui est le fond, la grandeur et la vocation de l'homme. Ils n'ont peut-être aucune peine à s'en persuader eux-mêmes ; mais leurs pirouettes nous font rire : nous n'y trouvons même pas l'insolence qu'ils s'efforcent d'y mettre, nous n'en admirons que le ridicule. On voudrait bien savoir pourquoi le mystère du sang et de la vie, du péché, du remords et de la rédemption sont des objets indignes de la musique, et pourquoi le roulis des fesses, l'insupportable monotonie des danses, les coq-à-l'âne, les facéties de collège, les fêtes foraines, le hurlement des nègres sont dignes de toute notre estime, de notre prédilection et de notre culte. La parodie, pour ces gens-là, l'emporte infiniment sur l'ode élyséenne, et même, à leur gré, le chant divin n'est fait que pour leur imitation parodique. Les esprits formés sur ce modèle sont nés, assurément, au plus bas degré de l'échelle. Les sauvages les plus grossiers ne sont pas grotesques ni obscènes de parti pris ; bien au contraire, ils le sont à leur insu, persuadés de ne pouvoir mieux faire qu'ils ne font, ni plus beau, ni plus en hommage à leur divinité. S'il était vrai que la musique fût beaucoup plus elle-même dans ces formes de la stupidité et du rythme charnel que dans la *Messe en si* ou celle de *Parsifal*, il ne s'ensuivrait rien de plus que la bassesse infinie de la musique. Et tant pis pour elle alors, tant pis pour les musiciens. Par bonheur, il n'en est rien : c'est même tout le contraire. Plus qu'un autre art, la poésie exceptée, la musique est une relation directe de la plénitude et du désir de vivre avec le divin, sentiment ou pensée. Il n'est point d'art, il n'est pas d'œuvre vraiment grande, qui ne touche ainsi à la métaphysique par quelque point, sans le vouloir, d'ailleurs, sans y prétendre. L'âme non commune et l'esprit puissant, plongent dans cet humus et portent cette fleur. Ils sont présents dans Eschyle et la Genèse, dans le rire d'Aristophane comme dans *La Tempête* de Shakespeare, dans Bach comme dans Wagner. Je dirai même que la musique est une métaphysique naturelle qui s'exprime par la qualité sonore.

On parle à tort et à travers d'une musique objective. S'il est question d'analyser l'harmonie et d'expliquer les accords, rien de plus juste : l'histoire de la musique est celle d'une révélation objective ; mais elle est aussi la floraison d'une poésie. A moins que l'on ne traite de la musique en physicien et qu'on n'en fasse un rameau de l'acoustique, la musique objective n'a aucun sens. L'objet ne veut rien dire en musique. L'art musical est, avant tout, une de nos voies, peut-être la plus directe et la plus sûre, pour sortir du monde lourd de l'objet, pour nous délivrer de l'objet, pour échapper à la gravitation de l'objet universel, pour suppléer par nous seuls à l'objet même. Qui dit objet dit espace. La musique n'est spatiale qu'à la mesure où elle cesse d'être musicale. La musique est toute qualité. Ce qu'elle a d'incertain et de puissant, d'universel et d'immédiat, tout ce qui la fait si proche de l'émotion pure est du domaine où l'objet s'efface. La pensée métaphysique en art est. précisément, cette intuition qui serait sans objet, si la qualité n'en était une espèce non définie, mais toujours si sensible. La musique est un ordre de la connaissance. L'œuvre d'art est la réponse de la vie au philosophe, la vérité qu'il cherche et qu'il dépouille de son prestige, en la touchant.

Assurément, il y a dans Wagner poète, un certain nombre de branches mortes, et comme il est fatal. aux branches mortes de la poésie, correspondent les branches déjà vermoulues de la musique, et celles qui ont perdu leurs fruits. C'est ce que j'appelai jadis, dix ans avant les gloussements de la pintade et du geai, la ferblanterie chevaleresque des Nibelungen et la quincaillerie héroïque. Tout de même, Wagner abuse du récit épique; il se plaît trop au bric-à-brac des archéologues, aux Tantris, Tristan, Parsifal et Falparsi. Cette philologie symbolique est dans le goût du temps, comme l'irrésistible inclination aux casques, aux cuirasses, aux combats, à toutes les figures de la vie barbare. Toutefois, dans Wagner, ces images viennent du fond guerrier de la race et de la liberté passionnée qu'il lui suppose au plus loin des vieux âges. La violence de Wagner n'est pas empruntée. Et la tendresse de son âme est bien plus naturelle encore. Il n'a pu se soustraire à la mode légendaire de mil huit cent trente, chrétienne ici, païenne là. On peut en être agacé. Mais ceux qui en ricanent, à présent, dans la ferme où les vaches se marient sur les toits, suivent des modes infiniment plus niaises, plus monotones et plus laides. Je ne veux pas m'expliquer plus clairement là-dessus, pour garder plus longtemps l'occasion d'en rire. Ils sont malins et hommes d'affaires : ils seraient capables de s'amender et de corriger leurs masques. Qu'ils nourrissent leurs ridicules, au contraire, qu'ils en fassent leur orgueil et leur parure, l'enthousiasme de leurs petits amis et l'émoi frémissant de leurs mères. Ils travaillent ainsi à notre gaîté. La leur est fort pesante et des moins heureuses. On n'est pas comique parce qu'on veut l'être ; mais on l'est bien, quand on l'est malgré soi et qu'on en fait les frais. Ainsi l'homme ne descend pas du singe : il y remonte.

Ce que Wagner a fait des légendes celtiques, dans *Parsifal* et *Tristan*, ne témoigne pas moins de son génie que sa musique. Sans doute, le poème, en tant que vers et forme, reste fort en deçà de la symphonie. Wagner est musicien avant tout et dans tout, même quand il s'épuise à faire de la critique. Chez lui, le poème n'est qu'un instrument plus puissant de la symphonie, une voix dominante de la musique, une espèce de basse continue et de voûte à la fois ; il donne le dessin général ; il détermine les volumes, le plan et les proportions de l'édifice. Le poème de Wagner est la pensée et la poésie continues de sa musique. La même grandeur d'esprit, la même profondeur de l'âme. Ce que la poésie est à la prose, dans l'ordre du langage, ici la musique l'est à la poésie. Les héros, leur présence et leurs actes, les mots qu'ils disent, ce texte porte le chant et toute la cathédrale sonore. Là même où on ne l'entend pas, il est présent et sa solidité brûlante. Il définit le vague et tout puissant infini de l'émotion musicale. Il en fixe les ondes et l'incalculable mouvement. La vraie poésie exprime ce que le langage rationnel démontre : par une image que je répète souvent, la poésie est la nature en fleurs, la prose est l'herbier. La poésie touche enfin à l'ineffable, là où il s'agit de communiquer la vie du cœur au cœur ; et c'est là que la musique commence ; elle accomplit ce que la poésie propose. Elle prend la pensée déjà fluide et tournée en sang, pour la répandre dans tout l'être mental, pour la faire passer, ardente et nourricière, dans tout le cycle vivant. La poésie est l'ineffable du langage rationel ; et la musique est l'ineffable de la poésie. La prose rationnelle est déjà de la géométrie ou de la science ; la vraie poésie est déjà de la musique.

Dans Wagner, la poésie, qui porte toute la musique, est noyée aux torrents de son efflorescence. Elle s'y absorbe ; elle s'y abîme. Mais elle en donne le sens et l'échelle. A la grandeur de sa poésie, on mesure quelle musique Wagner a pu faire.

Pour faire bref, j'abandonne toutes les œuvres de Wagner, la masse du *Ring* aussi bien que *Lohengrin*, et même *Les Maitres*. Il y a, dans ces œuvres énormes, trop de récit, trop d'épopée, trop d'anecdote encore. Il n'est lui-même que dans *Tristan* et *Parsifal*. La grandeur de *Tristan* est effrayante. C'est l'œuvre la plus une de l'art. Elle est comme une sphère qui se forme, se développe, tourne et se ferme sur elle-même. *Tristan* préfigure *Parsifal* dans tous les sens. Musicalement, tout le révèle : Kurwenal, Marke et Gurnemanz ont, çà et là, les mêmes accents. Amfortas est partout présent dans *Tristan*, et le Pur Simple paraît vingt fois dans le Pur Amant. Ils ont les mêmes cris contre la faute et contre le jour. Ils ont la même soif de l'éternel. La Mort, ombre toute puissante de l'Amour ; l'Amour, lumière inextinguible à la mort même, ces Dioscures sublimes planent sur les deux œuvres. Dans *Tristan*, la mort est la condition et le salut du parfait amour. Dans *Parsifal*, l'amour est le salut de l'universelle et parfaite mort. Le philtre et la douleur de vivre dans *Tristan*, le sang et le péché dans *Parsifal*, la blessure éternelle dans les deux et la soif de la rédemption ; l'amour passionné de la créature dans *Tristan*, et l'amour passionné du Créateur dans *Parsifal* ; la messe des amants dans la nuit, la messe des élus et des saints dans le temple du Graal, et la fuite des uns et des autres hors du monde ; on ne peut concevoir deux images de la vie plus proches et plus contraires ensemble : elles ont la même racine, le même jet, le même accomplissement. C'est la même religion ; mais *Tristan* est le Purgatoire, et *Parsifal*, le Paradis.

Ceux qui se moquent à la fois de *Parsifal* et de *Tristan* s'estiment leur juste prix. Le prélude, pareil au double arc-en-ciel sur la crypte, de la douleur et de la grâce, les laisse froids ; il leur faut les préludes en forme de poires et les ouvertures flasques ; ils n'ont que faire d'Isolde et de Graal. Le délire de Tristan les ennuie ; toutes ces invocations à la nuit les étonnent ; eux, un rez-de-chaussée leur suffit et les habitudes du jour. Les transports de Parsifal pour un baiser les font rire ; que de bruit pour un baiser, et surtout pour une femme. Ils ne sont pas si naïfs. Ils leur faut un peu plus que des amours divines et mortelles. Ils se tiennent les côtes de Tristan et d'Amfortas mourants ; mais la mort de Royer-Collard faisait chanter à Larousse et à Raspail la prose de Victor Cousin, à la bonne heure. Tout est bien de la sorte, et dans l'ordre. Gardons pour nous la conscience enivrante ou désespérée de la vie, les drames de la mort et de la passion, du néant et de la rédemption, de la nature et de la connaissance, de l'incurable désir où la blessure se renouvelle à l'infini, et de l'infaillible élan à la paix céleste. Chacun se reconnaît dans l'art qu'il préfère, et qu'il le veuille ou non, chaque homme se peint lui-même dans ses goûts.

II

De bien loin, Wagner a été le plus grand artiste de son temps. Il l'est en France, comme en Europe. Et, vertu peu commune, il fut aussi le grand homme de son art. Si on le nomme le Titan de la musique, on ne sonne pas de la trompette à découvert, et pour le seul plaisir de faire du bruit ; mais il est vrai que Wagner est venu en Prométhée porter la musique aux hommes : c'est par lui que le musicien s'est élevé à une dignité nouvelle, et qu'il a conquis le premier rang parmi les poètes : avec lui, le musicien est devenu l'artiste le plus proche de tous les hommes et qui les touche le plus. Jusques à Wagner, la musique vulgaire a presque seule ému le cœur des peuples : ils n'en pouvaient entendre de bonne qu'à l'église : la musique n'y était pas distincte de la religion. Monteverdi, les clavecinistes, Lulli, Rameau, Gluck et Mozart même ne s'adressaient pas à tout le monde : ils chantaient pour les princes ; ils étaient faits pour la cour. Après la Révolution, la musique a quitté Versailles, les rois et les publics d'élite. Elle s'est faite grossière en devenant commune à tous : bourgeoise par le luxe, plébéienne par le vacarme et l'emphase, elle a perdu la vertu, la dignité et la pudeur qui sont, en art, le style. Wagner a rendu le style à la musique de théâtre ; et il a rétabli partout les droits de ce qu'on appelle la musique savante, qui est la musique même et la seule musique. La longue et forte lutte de Wagner contre l'opéra n'est rien de plus. Il fallait réduire au silence la cohorte des Bellini, des Meyerbeer, des Halévy, des Donizetti, des Rossini même, et leur ignoble postérité. Weber était mort à la peine ; Berlioz trop inégal n'y eût pas réussi ; et Liszt y eût usé sa force. Le succès est le roi de la mode ; mais nulle part plus qu'au théâtre, un tyran corrupteur et despote absolu.

En aucun pays, Wagner n'a été mieux compris, ni plus aimé qu'en France, ni plus nécessaire. Son rôle est fini désormais. Sans lui pourtant, on ne peut concevoir la résurrection musicale de la France. Qui peut s'imaginer de bonne foi notre Claude Achille créant la musique nouvelle dans le fumier de *La Juive*, de *Semiramide*, de *La Somnambule*, de *La Favorite*, de *La Nonne Sanglante*, de toute ces héroïnes bouffonnes et lugubres, les plus stupides assurément qui soient jamais venues miauler leur roucoulements aux oreilles d'une assemblée : folle à Lamermoor, la *Lucie* fait la flûte sur la scène ; et celle qui était *Muette* à Portici, se gargarise de roulades à Paris. Les oreilles devaient être bien longues qui ont souffert avec joie un tel outrage et tant de fois renouvelé, à tout ce qui s'appelle la beauté, le goût, le charme de la musique et même le bon sens. Il fallait le feu du ciel à de tels changements, et Prométhée lui-même, qui l'a saisi, était seul capable d'en enseigner l'usage. En mariant la symphonie au drame, Wagner a rendu la musique à la France.

Ce n'est pas Beethoven qui a fait comprendre Wagner à Paris; c'est Wagner compris qui ouvrit les Français à l'intelligence de Beethoven, de Bach et de tout le grand art sonore. En un mot, grâce à Wagner, la musique a pris dans le goût et l'imagination des hommes, la place réservée jusqu'alors à la seule poésie. Et ce que Gœthe, au début du siècle, avait été pour l'Europe, Wagner le fut à la fin. Le musicien l'emportait même sur le poète, qu'on y voie d'ailleurs un progrès de l'esprit ou une corruption. La musique est femelle : elle usurpe toujours. En général, elle croit donner davantage au sentiment, en ôtant plus à la pensée : cette illusion est propre aux faibles âmes et multiplie en elles toutes les faiblesses. Avec Wagner, quelle que fût la passion, la musique avait toujours son maître et subissait la loi de l'esprit. L'orchestre de Wagner est sans doute l'une des puissances les plus viriles qui se soient vues au monde. A cet égard, la musique de Wagner répare tous les torts qu'on est tenté de reprocher à sa poésie.

Pensant à Wagner, je parle toujours de l'artiste, ou pour mieux dire du musicien. Tel il a été, d'abord, pour les meilleurs juges en France ; tel y reste. Plus Wagner recule dans le temps, plus la grandeur du musicien domine en lui sur toutes les autres. Ici encore, la France a la critique la plus fine et le discernement le plus juste. L'incomparable harmoniste, le Bach de la passion humaine, le coloriste de la septième, l'Alexandre de qui Weber fut le Philippe, le magicien de la neuvième qu'il a ouverte au sentiment comme un nouveau monde, ce merveilleux échanson de nos philtres ne perdra pas de longtemps son pouvoir de magie et ses prestiges.

En Allemagne, la gloire de Wagner est contemporaine des armes victorieuses et du nouvel Empire, fondé sur la guerre. Bismarck et lui sont de la même volonté et du même âge. Le triomphe de Bayreuth cherche à établir le droit du génie allemand à une souveraineté idéale, au-dessus du triomphe politique et militaire. Wagner lui-même et Nietzsche ensuite, chacun de son côté, dans un monde opposé, ont dû convenir que Bayreuth n'a pas été le Weimar de l'ère nouvelle. Au contraire, à Bayreuth plus qu'ailleurs, on a pu mesurer l'abîme entre l'ancienne Allemagne et l'Allemagne impériale. Car Wagner, qui croyait parler pour l'art à venir, est l'accomplissement de la musique classique et du sentiment propre à la philosophie chrétienne. Ce qu'il mettait au-dessus de tout, l'Allemagne nouvelle n'en a pas tenu compte : elle n'a presque estimé, elle n'a vraiment adoré en lui que la moindre part de son génie, cette odeur nationale, ce parti pris de l'amour-propre, ce culte de soi-même qui abaissent l'art et la pensée en tous pays. A la musique elle a préféré la violence héroïque et les rêves barbares, la légende brutale et subtile à la fois, vaniteuse et fatale, outrecuidante et sotte de l'antique Germanie. Ces héros métaphysiciens et stupides, qui font l'amour armés de pied en cap, qui réforment le monde, mais qu'on retourne comme une peau de lapin en leur faisant boire de la cervoise fermentée dans un hanap de corne ; un appel perpétuel à la race, au glaive et à la hache, ces deux oreilles d'âne à la tête de l'homme, qui est nue et dépouille enfin le casque ; des passions démesurées et parfois si creuses ; des actions outrées, où la grandeur se parodie elle-même, puisqu'au bout du compte le vrai du cœur humain y est excédé ; toute cette frénésie guerrière a fait de Wagner le poète national des

Allemands et l'orgueil de l'Empire. Malgré lui, sans doute, comme Nietzsche, plus tard, en fut aussi malgré lui le philosophe. L'un et l'autre, pourtant, n'y ont que trop prêté. Pour nous, en deçà du Rhin, presque tout est mort de cette mythologie sauvage. Il est vrai que sur les rives de la Seine, il en fleurit une autre, à peine moins ridicule, à peine moins fanfaronne, qui invoque à satiété Rome et la loi, l'ordre sur douze pieds et la mesure en trois points, tout un Olympe de carton ; et laquelle de ces fables sent plus terriblement la vanité, l'imposture et le théâtre, c'est la question.

Au contraire, la musique de Wagner a la jeunesse, la puissance et l'immense mouvement de la nature. Dans la répétition, qui est sa figure familière, elle en a même la candeur. Pour répéter son idée avec tant d'audace, et tant de nuances subtiles, je ne vois que Pascal dans son style ; et il a toute la science, comme Wagner dans le sien. Nul peintre, nul musicien n'a donné de plus près le contact de l'univers au cœur de l'homme. Les eaux, les fleuves, les forêts, les oiseaux ; la tristesse de la mer et de la brume ; l'ivresse du printemps, l'illumination enchantée de la lune ; la sombre fureur du silence et des ténèbres ; l'aveugle menace des orages ; le sépulcre des cavernes ; l'horreur de la haine qui guette et les complots du mal accroupi dans l'obscurité, Wagner les possède et les déchaîne : il nous les livre comme un divin créateur : il les suscite en thaumaturge ; et son langage musical, égal à toutes les violences, est capable de toute douceur. Le plus puissant, il est aussi le plus divers des musiciens.

III

Au moment où Stendhal ressuscitait avec tant d'éclat, et où Baudelaire prenait tant d'empire, Wagner a rendu, lui troisième, à la France, le génie psychologique qui est son vrai génie. Wagner ne s'est jamais donné la peine de comprendre Racine : *Tristan* toutefois est conçu comme *Phèdre* ou *Bérénice* ; un entretien acharné des passions face à face, et toujours dans la mort. Mais tandis que Racine se meut sur le plan de l'intelligence, le plan de Wagner est celui de l'émotion. Ainsi le veut la musique. L'essence du drame musical est là. On touche ici le fond de ce qui sépare le drame organique de ce qui ne l'est pas. Rien n'est vraiment organisé que du dedans et par la vie intérieure. En poésie, et surtout en musique, la vie intérieure est la seule vie. Dans Wagner, la puissance de l'analyse est incomparable : elle a le leitmotiv pour instrument. Personne n'a jamais été si avant dans la psychologie de l'émotion : seul Dostoïevski a la même profondeur et la même pointe dans le mystère. Par là, Wagner échappe à toute la friperie, au bric-à-brac du Moyen Age, à son propre goût pour les cortèges, les armures, les oripeaux barbares, d'un mot à l'opéra. De la sorte, Victor Hugo et Wagner qui se ressemblent à première vue, à travers la forêt germanique, le Rhin et les burgraves, diffèrent plus que personne. Tout est en surface, en costumes, en coups de théâtre, dans Victor Hugo ; tout est extérieur enfin. Tout est intérieur dans Wagner, tout est possession, persuasion de l'âme, connaissance profonde. Bref, Victor Hugo est l'opéra même. Et Wagner, dans ses trois chefs-d'œuvre, est le drame.

La musique est romantique en son essence, qu'on y consente ou non. A la rigueur, on peut concevoir un poème romantique sans vérité durable et sans mesure. Mais en musique, il n'y a ni style ni beauté, si le sentiment et l'expression ne s'accordent. L'art musical exige la vérité intérieure : il la suppose. La musique avoue cyniquement tous les mensonges du musicien ; et ceux dont il est dupe lui sont encore plus funestes que les autres. Berlioz, Schumann, Chopin, pour s'en tenir aux grands talents, le désaccord de ce qu'ils prétendent ou croient être et de ce qu'ils sont, fait déjà toutes les rides de leurs œuvres. L'harmonie d'un musicien en est la mesure infaillible; on écrit harmoniquement comme on est de nature; et comme on sent d'original, on chante. Il n'est pas vrai qu'on puisse concevoir une pensée musicale dans une forme, et l'exprimer dans une autre : on ne trompe personne; la fausseté d'un tel emprunt se décèle aussitôt : le chant boite, il n'est pas sincère; et l'harmonie factice trahit l'artifice du musicien. La musique accomplit ainsi l'art romantique : la fausse passion des poètes et des écrivains n'y est pas possible. Ou elle n'est pas une œuvre d'art, ou l'œuvre musicale est faite de vraie passion et de vrai sentiment. Tout ce que la poésie romantique était incapable de faire, Wagner l'a réalisé. Il s'est toujours plus dérobé au décor et à l'anecdote, même en y sacrifiant, pour aller toujours plus avant dans les grands fonds de l'âme. Au cours des vingt années qui séparent *Le Vaisseau fantôme* de *Tristan*, Wagner a fait la critique rigoureuse de sa nature et de son art. Il ne s'est jamais pleinement délivré du vice romantique; mais il l'a purgé de sa vaine malice, et n'en a retenu que l'ardente vertu : jusque dans le drame religieux, il n'a rien demandé qu'à la connaissance du cœur et à la vérité humaine. A cet égard, en accomplissant le génie romantique, Wagner a vraiment accompli le destin de la musique.

Wagner, d'ailleurs, a eu sur le drame lyrique une fatale influence. Son triomphe a tourné toutes les têtes. Bayreuth est devenu l'école de l'Europe. Les moindres vaudevillistes ont fait du mythe à la Wagner, comme les peintres d'enseignes, au XVIIe siècle, et les architectes faisaient tous du Michel-Ange. Sa forme, l'une des plus fortes, des plus souveraines, des plus massives qu'on ait vues en art, il l'a imposée, malgré lui, à une foule de faibles talents : ils se sont tous enflés aux dieux et au sublime ; toutes les grenouilles ont fait le bœuf. Hélas ! c'est le taureau d'Europe, au moins, qu'il fallait faire ; celles qui n'en ont pas crevé, se sont oubliées en bruits incongrus ou ridicules. La masse, l'énormité même ne faisait pas peur à Wagner : il était si puissant qu'il la maniait avec légèreté : son orchestre en est la plus constante épreuve : son élan est celui d'un torrent continu, qu'une volonté supérieure domine ; et comme tous les torrents rapides, sa vitesse et ce flux régulier qu'un infaillible calcul mesure, font sentir un merveilleux équilibre et une force aisée. L'imitation de Wagner fut tout le contraire. Faute de grandeur naturelle, une emphase continuelle a été le langage ordinaire des musiciens. Ils ont écrasé eux-mêmes leur chanson propre sous un orchestre accablant. Le plus mince héros d'anecdote n'a plus rendu son dernier soupir, qu'ils ne fissent entendre la symphonie qui accompagne la mort des dieux. Et tous, ils ont armé leurs canons de 400 pour faire cible dans un oiseau-mouche.

Voilà ce qu'on peut dire contre le règne de Wagner, comme on l'a dit contre celui de Michel-Ange. Toutefois, le magicien de Bayreuth a donné une suprême dignité à la musique. Peut-être même en a-t-il fait, pour un temps, l'art dominant qu'elle ne doit pas être : car elle est trop femme, trop nature, trop facile à la sensation, trop peu virile enfin. Wagner a sauvé les musiciens : il leur a rendu le culte de la matière musicale et de la belle langue. Par lui, ils ont compris la valeur du style, depuis près de cent ans méconnue. Et je ne sais même pas si Wagner n'est pas pour beaucoup aussi dans le renouveau de la poésie en France : il partage avec Baudelaire la gloire d'avoir restitué aux poètes le souci des idées et du grand sentiment. La mystique, essentielle à un art élevé, quelle qu'elle soit, est alors rentrée dans la poésie, si abaissée par l'histoire et jusqu'à la politique. Avec Wagner, les symbolistes, tous ses disciples, ont quitté le lieu commun de la description et de la réalité, ce triste enclos où la fausse science de mil huit cent soixante-dix prétendait enfermer l'esprit. Là aussi Wagner semble avoir égaré les talents médiocres et les fanatiques; mais quoi? la nourriture d'Achille empoisonne les fils de Ménélas, peut-être même ceux d'Ulysse. La portée de *Parsifal* fut immense. Wagner n'est pas responsable des niaiseries que l'imitation de Tolstoï inspire aux uns, et que la Somme de saint Thomas fait dire aux autres.

En dépit de tout, *Parsifal* a ressuscité l'idéal avili; car un idéal sans beauté ni grandeur est ce lion mort de la fable, qui ne vaut pas une chienne de réalité vivante. Ibsen et Dostoïevski le savaient. Il n'est d'idéal véritable, que celui où l'on s'est mis soi-même avec grandeur, et que l'on crée avec son sang. L'orateur n'y peut suffire, ni le pître, ni la politique, ni l'action. La beauté comme l'amour divin a d'autres exigences : on n'y peut atteindre sans une vocation de sacrifice. Voilà ce que Nietzsche a si bien saisi, dans le fort même de sa rupture avec Wagner; et je pense qu'il a voulu faire à sa façon ce qu'il s'indignait que Wagner fît sans lui, à la sienne. La fureur de Nietzsche contre *Parsifal* est l'éclat irrésistible de son dépit contre Wagner. Il a vu jusqu'où Wagner pouvait se passer de lui. Il s'est pris a haïr le magicien capable de restaurer une religion par la seule magie de sa musique. Mais la colère de Nietzsche sent trop le blasphème, pour qu'il n'adore pas en secret ce qu'il maudit; et même il l'envie. La jalousie de Nietzsche est profonde; jaloux de Wagner, il l'est devenu peu à peu de Jésus, comme je l'ai fait sentir jadis. Sa pensée a beau suivre Bacchus sur le Cithéron : cette bacchante est née chrétienne; dans la passion jalouse, dans la haine présente, l'écho se prolonge de l'amour passé. Nietzsche, dès lors, s'est élevé sur la voie fatale où l'ascension conduit au précipice : il n'a eu de cesse qu'il n'ait fait de lui-même un Antéchrist contre Jésus-Christ. Plus Nietzsche est contre *Parsifal*, plus il en dépend. Il n'a pas saisi que Wagner, fût-ce à son insu et en dépit du choix le plus volontaire, en faisant de la légende ou de la vérité chrétienne une œuvre d'art, purgeait tout le poison du dogme : il peut verser le philtre de la religion, celui qui mêle au venin d'une croyance même morte, l'antidote d'une beauté toute pleine de rêve et d'amour. Quelle qu'elle soit, l'idée religieuse n'a plus alors que ses vertus spirituelles : dès que nous en faisons une œuvre d'art, elles sont sans mélange : sa valeur idéale lui ôte toute valeur positive; elle est bien plus et bien moins qu'une révélation littérale : elle n'est plus qu'un moyen. Elle échappe au monde impur de l'intérêt et de l'action. Le chef-d'œuvre dévore la religion étroite, et en ravit l'âme éternelle dans « la région où vivre ». Nous sommes des Prométhées dans l'œuvre d'art accomplie. Les misères et les bassesses de Jupiter disparaissent dans la tragédie de Sophocle et d'Eschyle. Là, nous pouvons être complices de Jupiter, comme Prométhée lui-même son vainqueur : car un vrai vainqueur ne consent pas à connaître un seul ennemi.

Telle est la grandeur de *Parsifal.* Cette musique est sans doute destinée à vieillir, comme toute musique. Cependant, elle a porté plus loin qu'aucune autre, pendant un demi-siècle, la voix d'une émotion divine, avec l'exemple d'une passion toute-puissante que la pensée règle jusque dans l'extase mystique, et que maîtrise toujours l'esprit.

POÉSIE ET MUSIQUE

I

Il ne suffit pas de comprendre pour se rendre. En science, l'évidence et la démonstration se portent l'une l'autre : et qui comprend se rend. Ne pas être d'accord sur la preuve marque le défaut de l'intelligence. Celui qui ne comprend pas les coordonnées intrinsèques n'a rien à en dire : ou s'il conteste la courbe de Mannheim, par exemple, c'est un sot ; on le regarde, on se tait et tout est dit.

En art, et en poésie peut-être plus encore, il faut que l'émotion du lecteur rencontre celle du poète. Et s'il était vrai que l'appel à l'émotion fût le signe de tout romantisme, toute poésie serait romantique. Partout où il y a émotion du poète, comme une nef sur la mer, il est immergé, il y est pris, il s'y noie ou il y vogue ; il goûte le bonheur du voyage où il a le calme plat de l'ennui, ou le mal de mer : encore est-il nécessaire qu'il embarque : sinon, il reste étranger à cette poésie. Il faut donc que la sensibilité du lecteur s'accorde à celle du poète, qu'elle se donne amoureusement du premier coup, ou qu'elle y cède, si d'abord elle résiste. Il va de soi que bien souvent l'essence du grand poète échappe, pour la plus forte part à ceux de son temps qui le lisent le mieux et même qui l'admirent : la pensée du poète se dérobe à eux, mais non son émotion ; il les y ravit ; il les y introduit sans qu'ils sachent comment ; il les y conquiert et les possède, le plus souvent à leur insu. Il arrive, plus tard, que ce parfum se dissipe avec ceux qu'il enivra : la pensée reste seule ; et si le poète n'est pas des éternels, qui sont si rares, il semble qu'il n'y a plus rien : la poésie n'y est plus : on sait qu'elle y fut, mais on ne l'éprouve pas.

II

Il est certain que tous les hommes ne sont pas faits pour la même poésie. Entre les grands poètes, les uns le sont pour ceux-ci et peuvent fort bien ne pas l'être pour ceux-là. Dans l'océan de l'émotion, il est plus d'une île et d'une rade. Tel se plaît à un port en eau profonde, que pavoise un ciel puissant ; tel autre dans un hâvre plus vulgaire ; celui-ci dans une baie bien fermée d'une forme parfaite ; celui-là, dans un golfe retentissant et sauvage.

Pour le plus grand nombre, l'émotion la plus facile et la plus commune naît de la faconde, du vaste écho sonore que lancent les lieux communs les plus lourds, le tambour et la trompette creuse, le cliquetis des armes et des abstractions vaines qui semblent la clameur, au porte-voix, de ces statues énormes et si banales qu'on dresse sur les môles et à l'entrée des ponts : telle est l'émotion qui naît de l'éloquence, pour une foule de gens ; la poésie oratoire fait ainsi les deux tiers et demi de la poésie latine, de l'italienne, de la française, de Lamartine et de Victor Hugo. Ici, peu importe la doctrine, que le poète soit pour l'Église, ou contre elle, pour la Révolution ou pour le roi, pour une théologie ou contre une autre : l'orateur est l'orateur, quelle que soit la chaire ou le parti. Dans la poésie oratoire, entre, pour un bon quart, la descriptive. Chez les romantiques, elle déborde, elle couvre les rives : l'émotion d'où elle procède, et qu'elle fait naître, est particulièrement propre aux esprits pour qui les images visuelles priment toutes les autres. En général, ils n'aiment pas la musique. Ou, s'ils l'aiment, ils l'entendent mal. Heureux, s'ils l'avouent. Car, s'ils croient bien l'entendre, ils n'y connaissent rien.

Beethoven est ce dieu inconnu, auquel ils offrent de loin un encens absurde : pour eux tous, d'ailleurs, Meyerbeer est le Beethoven du drame, et Beethoven un Meyerbeer de la symphonie hélas trop souvent. C'est alors que les imbéciles ont commencé de traiter la vraie musique de mathématique. Niaiserie qui n'a pas cessé d'avoir cours.

L'émotion de la vie intérieure est d'un autre ordre. Sans doute, les images de toute sorte sont nécessaires au poète le plus intérieur, comme à celui qui l'est le moins, pour exprimer ce qu'il sent et ce qu'il pense. Mais les images visuelles ne lui sont qu'un moyen : elles ne servent qu'à rendre visibles les états passionnés de la pensée et du sentiment. Car la pensée, même abstraite, est en passion dans le vrai poète. Platon le savait bien. Là, je dirai que plus grand est le poète, plus il pense ; et plus, d'un élan parallèle, il absorbe la pensée dans le sentiment qu'il en a et qu'elle provoque : il en fait une émotion. Ce pouvoir est le don de poésie. C'est en quoi il n'est pas injuste de comparer la grande poésie à la prière : l'homme de foi, l'homme des psaumes, quand il prie, quand il se sert du langage ordinaire et de la demande, pour s'élever à un entretien plein d'amour et d'angoisse, de joie et de douleur, de supplication ou d'extase, avec son Dieu, quel qu'il soit, ce vivant en oraison est dans l'état de poésie, sans être poète. Il n'est pas de poète ni de musicien sans effusion.

Pour le noter en passant, puisque l'occasion s'en présente, il est bon de réduire à néant une confusion devenue rituelle. Les demi-sots, en qui toujours un Homais sommeille, quand ils parlent des plus hautes hypothèses de la science, ont coutume de prendre une mine émerveillée : Quelle poésie, font-ils, celle de la science ! Et là-dessus, de rapetasser tous les proverbes sur le ciel étoilé, les astres doubles, les nébuleuses, l'infiniment petit et l'infiniment grand qui les bouleverse et qui ne leur a pas été révélé par Pascal, mais qui le croirait ? par Anatole France, sur la foi de M. Flammarion. Et selon eux, on s'enivre du même nectar spirituel sur les cimes de la science et dans les temples de la poésie. On ne saurait confondre plus aveuglément l'esprit de la poésie et la matière. Oui, certes, dans le mouvement brownien, dans la conception de l'atome système de mécanique céleste, il y a matière à une émotion, dont on pourrait faire de la poésie ; mais il n'y a pas de poésie, parce qu'il n'y a pas de poète. La plus haute notion de la science n'est pas une émotion. Et moins l'émotion, il n'est ni art ni poème. Comme la musique commence où la poésie finit, la poésie commence ou finit la notion comme telle. La science est le plus haut point de la raison :

mais la raison n'est pas l'art ni la poésie. Le principe de Carnot, si on prend une idée générale de la non réversibilité de l'énergie, et qu'on l'étende à tous les domaines de la vie et du sort humain, peut donner lieu à une émotion de la qualité la plus rare; mais ce principe n'est pas le moins du monde la poésie qu'on en peut tirer; car, tel qu'il s'énonce, il n'implique aucune émotion. Et l'énoncé en reste le même dans le plus plat des physiciens et dans Archimède, si ce dieu grec ressuscitait.

Quel est donc, au bout du compte, le lieu sacré et la plus belle source de la poésie? Où se fait la rencontre des grandes pensées et du sentiment? Dans la métaphysique de l'espèce. Quiconque est vraiment métaphysicien sait que la métaphysique est loin d'être rationnelle. Elle ne l'est qu'en apparence et dans son système; elle est irrationnelle en son fond. D'où le ridicule des savants.

Certes, la métaphysique n'est pas la grande poésie, pas plus que les synthèses de la science. Mais elle est la matière privilégiée du génie poétique. C'est d'elle que coulent, profondes et pures, les eaux pensantes d'où l'émotion doit naître. Il ne sied pas au métaphysicien d'être poète : il y corrompt ou il y égare la géométrie; mais il n'est pas de grand poète sans un métaphysicien. Chez les Anciens, la grande poésie et la métaphysique se confondent. Le poète est un prêtre. Les Ioniens, les Éléates et tous ces vieux prophètes du monde grec sont tous des poètes ; et la sagesse est poésie. La Bible est la métaphysique même d'Israël. Job et Eschyle se ressemblent comme deux frères. Dante est toute la métaphysique du moyen âge. Si Pascal est parfois le plus beau poète de France avec Baudelaire, c'est qu'ils sont pleins, l'un et l'autre, de leur métaphysique mystique ; et souvent elle est la même. Gœthe, Shakespeare ne sont jamais plus poètes que là où les harmonies profondes de la pensée se font entendre dans leur chant.

Qu'est-ce donc enfin que la grande poésie ? Une métaphysique sensible au cœur. Et la grande musique ? Une passion du cœur qui tourne en amour intellectuel, une émotion de la vie profonde qui se fait esprit.

III

Comme il est sensible et doux, Debussy est profond. Sans chercher la profondeur, il la rencontre. Nulle musique, parfois, n'est moins en surface que la sienne : elle est toujours amoureuse. Son génie est bien plus spirituel qu'on ne dit : d'ailleurs, la grande musique ne peut pas être impressionniste, Elle ne décrit pas, elle ne fixe point l'apparence mouvante de la vie, elle n'en épingle pas les instants au tissu sonore : elle cherche l'âme ; elle la suppose, quelle qu'elle puisse être, et la fait naître même sans y croire. Elle veut la presser dans sa teneur la plus pleine. Elle est amour, quoi qu'on fasse ; et son vœu, dans l'écoulement perpétuel, est l'éternelle permanence. Étant amour, elle est mélancolie. La gaieté même de l'amour est mélancolique, comme l'ardeur sensuelle.

Debussy, petit-fils de Racine, est le peintre de la passion. Mais la musique ne donne pas l'analyse de l'amour ; elle n'en dissocie pas les éléments ; elle en intègre plutôt toutes les parcelles à l'occasion de chaque sentiment. Elle va toujours au delà de l'instant et de l'anecdote. L'homme même ne lui est souvent qu'un prétexte : elle touche au fond commun de la vie.

Debussy trompe son monde, parce qu'il enveloppe ses pensées dans la forme aérienne et transparente de Watteau partant pour Cythère ou faisant escale à Thulé. Sa profondeur originale n'en est que plus vive. Plus avant il touche au noyau du mystère et du symbole, plus il a l'air simple et vrai. Avoir l'air de ne pas y toucher, quelle règle merveilleuse pour le plus touchant des génies.

Debussy a été le musicien de l'époque la plus complexe, la plus raffinée et la plus libre de la poésie en France. Il en est le poète, dans le langage des sons. Debussy nous a révélé l'innocence de notre raffinement et la passion de nos pudeurs les plus secrètes. Quel plus beau service peut-on rendre à l'art? Et quelle initiation plus précieuse aux artistes?

IV

Souvent, en musique, il semble que l'inconscient soit chargé de parler pour l'intelligence : c'est qu'en musique la parole est un chant. Le rythme aussi porte les nombres. Le mot est le double d'un être. Mais le mot qui chante est une incarnation. Le mot est le double pensé, le double qui dure. A l'origine, les noms sont pleins des forces magiques et de la substance propres aux êtres et aux objets qu'ils désignent : ils les évoquent et les déchaînent, ils les suscitent. Dans les temps fabuleux, le grand prêtre, le savant, l'homme qui sait et qui peut, l'interprète de la nature et des dieux, c'est l'homme qui a le mot. Régner, c'est d'abord posséder la parole secrète, le talisman de la puissance. Le chant charge de potentiel le talisman. Commander, c'est parler, et prononcer à bon escient les paroles qui lient et délient, les paroles qui exécutent sur place l'acte nécessaire, ou qui vont, au loin, exiger l'exécution. Magicien, musicien, grand prêtre. De là, que la musique reste une magie sentimentale, et tourne de soi à la religion.

Rien n'est plus propre à chaque homme que sa musique : elle est la limite spirituelle de tous ses sens. La foule n'a point d'autre musique, en somme, que le bruit : une espèce de tumulte confus, où revient un refrain, rappel obstiné de l'espèce. Pour l'amour ou la guerre, deux rythmes de la même danse. Tout homme a son rythme, toute femme a sa mélodie. Ou bien les êtres sont discords. On chante comme on sent. Le chant intérieur, qui n'a pas besoin de voix, est la parole de l'être même. La musique la plus précise n'a pas le même sens pour deux hommes, ni le même sens pour le même homme, à deux âges différents. Le milieu musical est le milieu vivant, le noyau du sentiment, depuis la petite brise du plaisir jusqu'aux grands espaces à cyclone de la passion. Voilà pourquoi le cœur fait presque tout l'esprit de la musique. Peut-être n'y a-t-il pas de musique sans cœur, même quand le musicien est le plus sale des putois : ce fat recèle quelque puanteur choisie pour sa putoise. Le plaisir, tourné au sentimental, fait le comique musical. Du grotesque au mystique, l'amour est presque toujours là. En musique, la haine ne s'exprime guère, sinon comme un orage de l'amour, parfois comme une parodie. La bouffonnerie musicale est délicieuse, chez les maîtres : elle n'a pas le plus petit fil d'amertume : ni fiel, ni dureté, fût-ce dans le sarcasme : elle est légère ; et la vertu de la légèreté, qui est si souvent lumineuse, n'est-elle pas de nous détacher, de nous soustraire à notre opinion, de ne pas nous enchaîner même à ce qui nous fait rire et nous amuse. La passion est si essentielle à la musique, qu'une musique froide semble une mauvaise musique, et une mauvaise musique ressemble à une déception amoureuse. En musique, le rêve de la sérénité pure est encore un rêve passionné ; et l'Olympe même est de la passion qui contemple.

Il n'est art ou poésie sans pensée ni sentiment. Une musique non sonore, s'il était possible qu'il y en eût une, un chant tout abstrait serait un chiffre dont on n'a pas la clef. Il ne vaut pas la peine qu'on en dispute. Il n'y a pas de musique pour un sourd muet de naissance ; il n'est pas de peinture pour un aveugle né. La loi des sons s'impose ici à la raison.

Pour la poésie, il faut que le sentiment et la pensée passent par l'émotion, et qu'ils s'y transposent par le moyen du langage : plus ce langage est proche de l'émotion même, plus il est poésie. Et plus il s'en éloigne, plus la poésie s'altère et se raréfie.

Cependant, si la matière du langage est, d'abord, purement sensible et animale, le langage lui-même est une conquête spirituelle et qui veut être intelligible. Dès que la syntaxe paraît, le langage est de l'esprit.

Le langage de l'émotion est un chant : c'est toujours une musique. La musique verbale est faite, comme l'autre, de valeurs sonores et de rythmes. Mais tandis que la musique ordinaire plonge l'émotion jusque dans le milieu de la sensation originelle, la musique verbale ne l'y confond pas : elle est même impuissante à l'y vraiment confondre ; elle est, malgré tout, trop nourrie de notions intellectuelles, pour être uniquement sensible ; la sensation sonore y est atténuée jusqu'aux plus fines nuances ; les rythmes, même les plus insistants, y sont bien moins variés ; et la répétition trop marquée les rend moins obsédants que monotones.

Le son est matière : le mot presque pas. A l'art même des sons une physique s'intègre ; mais non à la poésie.

La pensée est dans tout, pour l'homme, et même dans le cri. La sensation qui lui arrache la clameur ne va pas sans une image immédiate du choc qui la cause et des effets qu'il peut avoir. La notion est liée à tout ce que fait, veut ou sent l'homme. Notions, alphabet de la connaissance. La notion est essentiellement l'idée de l'objet, son chiffre : le signe qui répond à quelque définition. Tout chiffre est mental. Or, la définition est toujours la connaissance imparfaite. La définition toute logique est, comme le chiffre même qui la signifie, l'objet moins la vie. La notion est l'élément de la connaissance abstraite. L'abstrait n'est pas la poésie.

Être dans l'abstrait, sans que le sentiment du moi s'y mêle, c'est être dans la science.

Être dans la notion plus que dans l'émotion, c'est être dans la prose.

Être dans l'émotion plus que dans la notion, c'est être dans la poésie.

Il n'est pas possible de donner une échelle absolue de l'émotion, universelle et sans conteste. L'émotion varie en profondeur, en intensité, en présence réelle avec les sujets qui sont émus. On est dans l'ordre de la qualité : cet ordre exclut la mesure. De là, l'extrême diversité des jugements sur l'œuvre d'art et l'opposition même des goûts. Et naturellement, nulle part plus qu'en musique.

Y eût-il de bonnes règles pour distinguer si une œuvre d'art est plus ou moins belle, le jugement qu'on en porte est toujours singulier. La première sagesse serait d'en convenir. Et la bonne foi y gagnerait. On argumente ; on a l'air de s'effacer derrière les raisons que l'on avance ; et au fond, on ne pense qu'à soi, on ne parle que de soi. On invoque la déesse, et on ne combat que pour sa peau. En vérité, la fille de Jupiter est bien logée dans ce sac de poils, de mensonge, de méchanceté, d'envie, de vanité furieuse et de mauvaise graisse. Allez vous laver de vos sueurs, avant de vous incarner à la vierge de l'Acropole, Homais.

Le consentement universel n'a rien à voir ici. Et d'autant moins qu'il varie sans cesse. Dante vivant, Shakespeare vivant, Rembrandt vivant, Bach vivant, Baudelaire vivant, Wagner même vivant, n'ont pas été, de bien loin, les plus grands poètes de leur siècle. Et tant d'autres avec eux, de Villon à Keats, de Molière à Balzac, de Stendhal à Dostoïevski. Morts, ils le sont devenus. Ils ont parfois cessé de l'être. Ils pourront l'être encore.

On ne subit pas la qualité d'une émotion comme une évidence. Il s'en faut de tout. Peut-être même est-ce le contraire. Plus grande est la qualité, plus elle est rare. Plus profonde est-elle ou plus pure, et moins elle est commune. Il doit y avoir de la vulgarité dans ce qui plaît au vulgaire universellement.

POÈME ET MUSICIENS

On cherche bien vainement une définition de la poésie pure, derrière une montagne de fausses analogies, au-delà même de la raison : elle n'est pas si loin : la poésie pure, c'est la musique. Ou elle n'est rien et fait double emploi, ou la musique est la parole intérieure par essence, l'expression de la passion pure et du pur sentiment. Les musiciens la méconnaissent le plus ; et je ne vois pas d'ironie plus forte que leur usage de la musique. Au théâtre, et même dans la symphonie, ils n'envient que le fait-divers et l'image criante ; ils ne visent qu'au spectacle : leur art tout intérieur ne leur semble bon qu'à enluminer de couleurs sonores toutes les pompes de l'histoire et du conte pieux, de l'anecdote et de la légende. Ils ont tous l'opéra dans le sang : l'opéra est leur avarie, mal de Naples s'il en fut. Quand la mode s'est mise à la légende, ils en ont fait aussitôt l'opéra légendaire. Ils mettent même la messe en opéra non toujours pieux, et Beethoven tout le premier y choppe. Rien ne distingue l'opéra mystique des autres que le non-sens au comble ou l'excès. Aux mains des musiciens, la légende n'est plus qu'un morceau d'histoire, sur le plan de l'absurde. Pour n'être pas en reste de contradictions, les poètes de la poésie pure sont des plus fermés à la musique : ils sont d'autant moins musiciens qu'ils veulent l'être davantage en poésie. Voilà bien les pièges de la définition : toute définition prépare l'objet pour en faire une pièce anatomique, et la conserver dans l'abstrait. La définition tue : elle est inégale aux éléments contraires de la vie.

§

Musiciens, imagiers sans matière et sans espace. Tous, ils ont d'étranges prédilections. Ils sont acharnés à décrire. La défroque les enchante ; le geste les séduit. Avant tout, il leur faut des cardinaux et des conciles. L'Église de Rome et le Moyen Age le plus vulgaire ont pour eux une beauté non pareille. D'ailleurs, à défaut du pape rêvé et de leur cher cardinal, le prieur les contente, l'abbé, le simple moine. La liturgie est toujours là pour finir un acte ou conclure l'affaire. Ils ont la passion des cortèges, des cavalcades, des couronnements et de toutes les exécutions capitales, sans omettre les noces. En musique, les condamnés à mort peuvent seuls faire concurrence aux forçats à perpétuité de l'amour. Les héroïnes, toujours persécutées, passent leur vie en manteau royal ou en chemise. La musique est le temple suprême de la niaiserie politique. Que ce soit le tyran ou le peuple en révolte, le musicien fait chanter un énergumène, un roi de carton, un as de pique. On ne peut rien voir de plus sot ni de plus bête ; mais cette sottise veut être tragique, et elle ne fait pas rire : elle fait bâiller. Quand donc en aura-t-on fini avec ces cagoules et ces pourpoints, ces croix et ces couronnes, ces calvaires et ces mâchicoulis, ces femmes martyres et ces ermites, ces princes de l'Église et ces princesses de la foire, ces reines de papier et ces chevaliers de lustrine? Les musiciens n'ont-ils pas, à la fin, l'ennui et le dégoût de toute cette courtille? Et qu'ils ne se figurent pas rajeunir le carnaval, en le portant aux Indes ou en Chine : il n'en est que plus épais et d'une plus lourde lie. D'ailleurs la chie en lit du sentiment n'est pas moins ridicule ni moins fastidieuse que l'autre. Beethoven, dans *Fidelio*, nous assomme de sa fidélité conjugale et de son *Ich habe meine P, licht, meine Pflicht, meine Pflicht Gethan*. Il abuse, et quoiqu'il chante : meine Pflicht, on sait trop que ce n'est pas le sien. « J'ai fait mon devoir, mon devoir, mon devoir », onze fois en la bémol, en vérité, c'est neuf de trop. S'il y eût manqué une seule fois en si mineur, je lui en saurais bon gré. J'ai fait une remarque : ceux qui admirent le plus *Fidelio*, sont vieux garçons ou veufs ou séparés de leurs femmes. La morale sonore de Beethoven est aussi ennuyeuse que la politique de Victor Hugo et de Scribe. Aussi bien, dans Fidélio même, faut-il qu'il y ait encore un premier ministre, un prince, une Bastille, des femmes martyres, des cachots et tout ce qui est strictement nécessaire au Guignol musical. On dirait que, pour les musiciens, le poème, depuis cent ans, espère et préfigure le film. La tragédie en musique, telle que Lully, Rameau, Gluck l'ont traitée au cours de deux siècles, avait plus d'opium et moins de venin. Sur le nom seul des personnages, on savait de quoi il était question ; personne n'écoutait plus ces paroles qu'on ne doit jamais entendre. On ne prêtait l'oreille qu'à la musique : on était préparé, d'abord, au sentiment qu'elle exprime. L'action n'était guère plus rien ; le chant était tout. Pour les accomplir jusqu'à la plus douce ou plus forte émotion, les plaisirs du cœur suivaient le plaisir des yeux. Le ballet même était une aventure amoureuse. Beethoven faisait à Mozart le reproche d'avoir musiqué des sujets immoraux, indignes de la musique. Cette opinion de Beethoven m'a séparé de lui et de son art plus que tout le reste. Drame ou comédie, le fait est que Mozart a traité des sujets mieux faits pour la musique, et plus riches de sentiments, que tous les autres musiciens de son siècle.

§

L'art des musiciens devrait les mettre plus près des poètes et des écrivains que tous les autres artistes. Et de fait, il en est ainsi dans les grands hommes de la musique. Mais ceux-là sont rares, et la plupart des musiciens donnent dans une sorte de niaiserie qui leur est bien propre. On ne peut nier qu'il y ait de l'intelligence dans un bon musicien : elle est presque toujours viciée par les illusions du sentiment. Dans les plus mâles même, elle tourne à l'esprit féminin : ils vont d'instinct au roman pleurard, au fait-divers, au feuilleton. Ils ont beau cacher ce triste goût : il est en eux, il s'impose à leur choix. Shakespeare n'a presque jamais été mis en musique, lui, tout âme ; le charmant Musset, pas davantage, tout frémissement d'une onde sensible agitée par l'esprit. Le génie musical lui-même n'échappe pas toujours à l'attrait du spectacle et du gros drame. Comme ils sont les artistes du sentiment, la manie sentimentale les possède jusqu'à la bêtise. Homais tend toujours, dans son officine, à être sénateur et membre de l'Institut, pour la classe des sciences naturelles. La plupart des musiciens aspirent à combler les vœux des femmes à la mode : ils dansent, si elles dansent ; ils chantent la consomption, si la phthisie leur semble une élégance ; si elles coupent leurs cheveux, ils sont prêts à se couper les moustaches et la moitié de la tête : il en restera toujours assez. Bref, la mode sentimentale a tout pouvoir sur eux. Ils sont sigisbées de naissance et complaisants dans leur art, avec une docilité et une recherche ancillaires, qui ne les empêchent d'ailleurs pas de promener, quelques-uns, dans la vie la plus étrange fatuité, et la plus basse impudence. Le choix des sujets qu'ils mettent en musique, drames ou poésies, trahit assez leur naturel et cette intelligence à la suite. La servitude sentimentale et la snoberie s'y étalent toutes nues. Là, ils ne peuvent plus feindre. Ceux qui tranchent avec le plus de hauteur, trois pieds au-dessus du nombril, — et qui insultent le plus lâchement à tout ce qui les méprise, donnent la mesure de leur misère et de l'outrecuidance innée à chacun de leurs partis-pris. On ne saurait imaginer un goût plus incertain ou plus impur que le leur. La prétention en multiplie la sottise. Ces musiciens choisissent presque toujours ce qu'il y a de moins musical dans la poésie et le drame. Ils ne visent qu'à toutes les vanités de l'apparence. Musiciens, eux les interprètes naturels du monde intérieur, ils ne se préoccupent que du visible : aux mouvements de l'âme, aux tragiques débats du cœur, ils préfèrent les anecdotes les plus viles. Rien n'est assez clinquant, pour eux. Ils aspirent à équiper les Sirènes sur les chevaux de bois. Il faut sentir que la musique et la poésie, parallèles comme deux sœurs, si proches et si peu égales, si différentes et si semblables, ne sont pas faites pour se confondre. Leur union est difficile autant que délicieuse ; mais on ne peut prendre celle-ci pour celle-là. Elles sont les deux faces de la même figure, les deux profils du même beau visage ; et qui ne les distingue pas, les détruit l'un dans l'autre. Cette tête sublime est celle du dieu androgyne : la Musique est la face de femme, et la Poésie, la virile.

FIN

TABLE

TABLE

L'HOMME QUI S'IMPROVISE 9
MUSIQUE ET POÉSIE 33
BAUDELAIRE ET WAGNER 45
DANSE ET MUSIQUE 61
SUR WAGNER 75
POÉSIE ET MUSIQUE 99
POÈME ET MUSICIENS 113

CET OUVRAGE, LE CINQUIÈME DE LA COLLECTION « LA MUSIQUE MODERNE », A ÉTÉ ACHEVÉ D'IMPRIMER LE 31 DÉCEMBRE MCMXXVII, PAR PROTAT FRÈRES, A MACON. OUTRE LES 1.625 EXEMPLAIRES MIS DANS LE COMMERCE, IL A ÉTÉ TIRÉ CXXV EXEMPLAIRES, DONT X SUR JAPON IMPÉRIAL, XV SUR VERGÉ D'ARCHES, ET C SUR VÉLIN D'ALFA TEINTÉ, NUMÉROTÉS DE I A CXXV ET DITS DE PRESSE.

www.ingramcontent.com/pod-product-compliance
Lightning Source LLC
LaVergne TN
LVHW050419160826
845677LV00002BA/425

9782329755526